AF409850

COMISIÓN TEOLÓGICA INTERNACIONAL

# LA RECIPROCIDAD ENTRE FE Y SACRAMENTOS EN LA ECONOMÍA SACRAMENTAL

# NOTA PRELIMINAR

En el transcurso de su Noveno quinquenio –cuya duración se ha prolongado excepcionalmente un año, por la celebración del 50º aniversario de su fundación– la Comisión Teológica Internacional ha podido profundizar en el estudio sobre la relación entre la fe católica y los sacramentos. Dicho estudio ha sido dirigido por una Subcomisión específica, presidida por el Rev.do P. Gabino Uríbarri Bilbao, S.J., y compuesta por los siguientes miembros: Mons. Lajos Dolhai, P. Peter Dubovský, S.J., Mons. Krzysztof Góźdź, P. Thomas Kollamparampil, C.M.I., Profesora Marianne Schlosser, Rev.do Oswaldo Martínez Mendoza, Rev.do Karl-Heinz Menke, Rev.do Terwase Henry Akaabiam, P. Thomas G. Weinandy, O.F.M.Cap. Los debates sobre el tema en cuestión, a partir de los cuales se ha redactado el presente documento, se han desarrollado tanto en el transcurso de los varios encuentros de la Subcomisión como en las Sesiones Plenarias de la misma Comisión, entre los años 2014-2019. El presente documento, titulado *La reciprocidad entre fe y sacramentos en la economía sacramental*, ha sido aprobado de manera específica por la mayoría de los miembros de la Comisión Teológica Internacional, en el transcurso de la Sesión Plenaria de 2019, a través de un voto escrito. A continuación, el documento se ha sometido a la aprobación de su Presidente, su Eminencia el Señor Card. Luis F. Ladaria Ferrer, S.J., Prefecto de la Congregación para la Doctrina de la Fe, el cual, después de haber recibido en fecha 19 de diciembre de 2019 el parecer favorable del Santo Padre Francisco, ha autorizado su publicación.

# 1.
# FE Y SACRAMENTOS:<br>PERTINENCIA Y ACTUALIDAD

1.1. *La oferta salvífica divina se vertebra sobre la interrelación entre fe y sacramentos*

1. [*Partiendo de la Escritura*]. «"Hija, tu fe te ha salvado. Vete en paz y queda curada de la enfermedad"» (Mc 5,34). En medio de la multitud que le apretujaba (Mc 5,24. 31), la hemorroísa toca a Jesús con fe y recibe una curación, como símbolo de la salvación que Jesús trae para la humanidad.[1] El caso de la hemorroísa muestra cómo la fe brota de «el encuentro con un acontecimiento, con una Persona, que da un nuevo horizonte a la vida, y, con ello, una orientación decisiva».[2] La fe se ubica en el ámbito de las relaciones interpersonales. Muchos enfermos trataban de tocar a Jesús (cf. Mc 3,10; 6,56), «pues de él salía una fuerza que los curaba a todos» (Lc 6,19). Sin embargo, en Nazaret no hizo muchos milagros «por su falta de fe» (Mt 13,58), ni tampoco satisfizo la curiosidad de Herodes (Lc 23,8). La humanidad de Jesucristo es cauce efectivo de la salvación de Dios. Sin embargo, esta eficacia no reviste un carácter automático; requiere un contacto adecuado con ella: humilde, suplicante, abierto

---

[1] Cf. *Catecismo de la Iglesia Católica,* § 1116.

[2] Benedicto XVI, Enc. *Deus caritas est* (25 de diciembre de 2005) 1: *AAS* 98 (2006) 217. Citado de nuevo por Francisco, Ex. apost. *Evangelii Gaudium* (24 de noviembre de 2013) 7: *AAS* 105 (2013) 1022.

al don.[3] Todas estas actitudes desembocan en la fe, como el medio más apto para recibir la oferta de salvación. «La fe es ante todo una *adhesión personal* del hombre *a Dios*»[4] revelado en Jesucristo. Los sacramentos de la Iglesia prolongan en el tiempo las obras de Cristo durante su vida terrena. En ellos se actualiza la fuerza sanadora que emana del cuerpo de Cristo, que es la Iglesia, para sanar de la herida del pecado y donar la nueva vida en Cristo.

2. [*Y de la Tradición*]. En la economía trinitaria de la salvación se da una rica imbricación entre fe y sacramentos: «La fe y el bautismo son, empero, dos modos de salvación mutuamente inherentes e inseparables, pues la fe, en efecto, se perfecciona mediante el bautismo, y el bautismo, por su parte, se fundamenta mediante la fe, y los dos alcanzan su plenitud mediante los mismos nombres. Efectivamente, lo mismo que creemos en el Padre, en el Hijo y en el Espíritu Santo, así también somos bautizados en el nombre del Padre, del Hijo y del Espíritu Santo. Y ciertamente va delante la confesión de fe, que introduce en la salvación, pero le sigue el bautismo, que sella nuestro asentimiento».[5]

La relación personal con el Dios trino se realiza mediante la fe y los sacramentos. Entre la fe y los sacramentos se da una ordenación mutua y una circularidad, en una palabra: una reciprocidad esencial. No obstante,

---

[3] Cf. ORÍGENES, *In leviticum hom.* IV,8 (PG 12, 442-443).
[4] *Catecismo de la Iglesia Católica*, § 150. Subrayado en el original.
[5] BASILIO MAGNO, *De Spiritu Sancto,* XII,28 (SCh 17bis, 346).

como atestigua Basilio en el texto recién citado, la confesión de fe precede a la celebración sacramental; mientras que la celebración sacramental afianza, sella, fortalece y enriquece la fe. Sin embargo, hoy en día, en la práctica pastoral, esta interacción se encuentra con frecuencia desdibujada o incluso ignorada.

1.2. *Crisis actual de la reciprocidad entre fe y sacramentos*

a) Fe y sacramentos: una reciprocidad en crisis

3. [*Constatación*]. Ya en 1977 la Comisión Teológica Internacional, refiriéndose al sacramento del matrimonio, advirtió la existencia de «bautizados no creyentes» que demandaban el sacramento del matrimonio. Este hecho, decían, plantea «interrogantes nuevos»[6] de profundo calado. Desde entonces, esta realidad no ha dejado de crecer y generar malestar en la celebración de los sacramentos. Además, esta problemática no se circunscribe en exclusiva al sacramento del matrimonio, sino que abarca todo el organismo sacramental. En particular, en la iniciación cristiana, allí donde por su misma naturaleza la reciprocidad fe y sacramentos habría de sellarse, se detecta con bastante frecuencia preocupación e intranquilidad.

4. [*Raíces teológico-filosóficas*]. A pesar de que la disociación entre fe y sacramentos se debe a factores diver-

---

[6] Comisión Teológica Internacional, *Doctrina católica sobre el matrimonio* [1977], § 2.3.

sos, según los contextos sociales y culturales, una mirada que no quiera permanecer en un nivel superficial ha de preguntarse por las raíces últimas de esta fractura. En primer lugar, más allá de posibles carencias en la catequesis y de ciertas unilateralidades culturales contra el pensar sacramental, se da un factor filosófico muy arraigado que destruye la lógica sacramental. Una línea extendida de pensamiento, que arranca desde la Edad Media (nominalismo) y llega hasta Modernidad, se caracteriza por un dualismo antimetafísico que disocia el pensar del ser y rechaza categóricamente todo tipo de pensamiento de carácter representativo, como sucede hoy en la postmodernidad. Esta perspectiva rechaza la huella del Creador en la creación, es decir, que la creación sea un espejo (imagen sacramental) del mismo pensamiento del Creador. De esta manera, el mundo ya no aparece como una realidad expresamente ordenada por Dios, sino como un mero caos de hechos, que el hombre con sus conceptos ha de ordenar. Ahora bien, si los conceptos humanos ya no son algo así como «sacramentos» del Logos divino, sino meras construcciones humanas, entonces se da una ulterior disociación entre el acto personal de la fe (*fides qua*) y cualquier representación conceptual compartida acerca de su contenido (*fides quae*).En suma y como aspecto decisivo, cuando se niega la capacidad de la razón para conocer la verdad del ser (metafísica), se está implicando la imposibilidad de acceder a conocer la verdad de Dios.[7]

---

[7] Cf. San Juan Pablo II, Enc. *Fides et ratio* (14 de septiembre de 1998) 84-85: *AAS* 91 (1999) 71-73.

5. En segundo lugar, el saber científico y tecnológico, de tanto prestigio en nuestros días, tiende a imponerse como modelo único en todos los ámbitos del conocimiento y para todo tipo de objeto. Su orientación radical hacia la certeza de tipo empírico y naturalista se contrapone no solamente al conocimiento metafísico, sino también al conocimiento de tipo simbólico. Si bien el conocimiento científico pone de relieve la capacidad de la razón humana, sin embargo, no agota todas las dimensiones de la razón ni del conocimiento, ni cubre todas las necesidades cognoscitivas para una vida humana plena. El pensar simbólico, con su riqueza y plasticidad, por una parte, recoge y elabora reflejamente las dimensiones éticas y afectivas de la experiencia; y, por otra, toca y transforma la estructura espiritual y cognitiva del sujeto. Por esto, junto con el conjunto de las tradiciones religiosas de la humanidad, la transmisión de la revelación, con su carga cognoscitiva concomitante, se sitúa en el ámbito simbólico, no en el empírico y naturalista. La realidad sacramental de la participación en el misterio de la gracia solo puede entenderse en la unidad de esta doble dimensión de la experiencia simbólica: cognoscitiva y performativa. Allí donde reina el paradigma cientificista, que es ciego para el pensamiento simbólico, se obstruye el pensamiento sacramental.[8]

---

[8] J. RATZINGER, »Die sakramentale Begründung christlicher Existenz« [1965], en *Gesammelte Schrifen* 11. *Theologie der Liturgie*, Freiburg – Basel – Wien 2008, 197-198.

6. En tercer lugar, debemos señalar todavía un cambio cultural significativo, propio de la nueva civilización de la imagen, que plantea un nuevo problema a la clarificación teológica de la fe sacramental. Si bien es cierto que la modernidad racionalista minimizó el valor cognoscitivo del símbolo, la posmodernidad contemporánea, sin embargo, exalta con gran intensidad el poder performativo de las imágenes. Así, se hace necesario superar el prejuicio racionalista (moderno) contra el valor cognoscitivo de lo simbólico, sin caer en el exceso opuesto (posmoderno), que reconduce la efectividad del símbolo hacia el poder emocional de la representación, vacía de referencia. En otras palabras, la inteligencia cristiana debe preservar la originalidad del sacramento cristiano del riesgo de un doble vaciamiento. Por un lado, la reducción del símbolo-sacramento al estatuto de un mero signo cognitivo, que simplemente recoge más fácilmente los significados doctrinales de la fe, sin operar transformación alguna (eliminación de la dimensión performativa). Por otro lado, la reducción del símbolo-sacramento a la pura sugerencia estética efectuada mediante su escenificación ritual, de acuerdo con la lógica de una mera representación que reemplaza la adhesión interior a la realidad simbolizada del misterio (supresión de la dimensión cognoscitiva).

7. [*Distorsiones de la fe*]. En las sociedades actuales se dan otros fenómenos que dificultan el hecho de creer, tal y como lo propone la fe católica. El ateísmo y la relativización del valor de todas las religiones avanzan en

muchas partes del planeta. El secularismo erosiona la fe, siembra la duda, en lugar de abonar la alegría de creer. El auge del paradigma tecnocrático[9] implanta una lógica contraria a la fe, que es una relación personal. La reducción emocional de la fe produce una creencia subjetiva, normada por el propio sujeto, que se aleja de la lógica objetiva marcada por los contenidos de la fe cristiana. La cultura cientificista, ya aludida, tiende a negar la posibilidad de la relación personal con Dios y su capacidad de intervenir en la vida personal y la historia. La objetividad del credo y la estipulación de condiciones para la celebración de los sacramentos se entienden, según una sensibilidad cultural en aumento, como una coacción de la libertad para creer según la propia conciencia, manejando una concepción insuficiente de la libertad que se pretende defender. Desde este tipo de premisas, se produce un tipo de creencia o un modo de creer que no encaja en la concepción cristiana ni correlaciona con la práctica sacramental que la Iglesia propone.

8. [*Fallos pastorales*]. En el periodo posterior al Vaticano II, también se han dado algunas actitudes generalizadas entre los fieles y los pastores que han debilitado, de hecho, la sana correspondencia entre fe y sacramentos. Así, en ocasiones se ha entendido la pastoral de la evangelización como si ésta no incluyera la pastoral sacramental, perdiendo así el equilibrio entre Palabra de Dios,

---

[9] Cf. FRANCISCO, Enc. *Laudato si'* (24 de mayo de 2015) esp. 106-114: *AAS* 107 (2015) 889-893.

evangelización y sacramentos. Otros no han captado que el primado de la caridad en la vida cristiana no implica un menosprecio de los sacramentos. Algunos pastores han centrado su ministerio en la edificación comunitaria, descuidando el puesto decisivo de los sacramentos para tal fin en este empeño. En algunos lugares, ha faltado una valoración teologal y un acompañamiento pastoral a la piedad católica popular, para ayudarla a crecer en la fe y, así, alcanzar una iniciación cristiana plena y una participación sacramental frecuente. Por último, no pocos católicos se han hecho a la idea de que la sustancia de la fe radica en vivir el evangelio, despreciando lo ritual como ajeno al corazón del evangelio y, consecuentemente, ignorando que los sacramentos impulsan y fortalecen la vivencia intensa del mismo evangelio. Se apunta, pues, hacia la necesidad de una articulación adecuada de *martyría, leitourgía, diakonía* y *koinonía*.

9. [*Resultado*]. No pocas veces, los agentes pastorales reciben la petición de la recepción de los sacramentos con grandes dudas sobre la fe y la intención de quienes los demandan. Otros muchos creen que pueden vivir su fe con plenitud prescindiendo de la práctica sacramental, que consideran opcional y de libre disposición. Con acentos diversos pero muy extendidos, se da un peligro cierto: bien sea de *ritualismo* vacío de fe, por falta de interioridad o por costumbre social y tradición; bien sea de una *privatización* de la fe, reducida al espacio interior de la propia conciencia y sus sentimientos. En ambos casos se vulnera la reciprocidad entre fe y sacramentos.

b) Finalidad del documento

10. [*Finalidad del documento*]. *Nos proponemos poner de relieve la esencial reciprocidad entre fe y sacramentos, mostrando la mutua implicación entre fe y sacramentos en la economía divina.* De este modo esperamos contribuir a superar la fractura entre fe y sacramentos allí donde se dé, en su doble vertiente: ya sea una fe que no sea consciente de su esencial sacramentalidad; ya sea una praxis sacramental realizada sin fe o cuyo vigor plantee serios interrogantes con relación a la fe y la intención fiducial que la práctica de los sacramentos requiere. En ambos casos, la práctica y la lógica sacramental, situadas en el corazón de la Iglesia, sufren una herida seria y preocupante.

11. [*Estructura*]. Tomamos como punto de partida la índole sacramental de la economía divina,[10] en la que se insertan tanto la fe como los sacramentos (cap. 2). Elaboramos una intelección de la economía que incluye simultáneamente: la economía divina en cuanto tal en su despliegue trinitario, cristológico, pneumatológico, eclesial y dialogal (fe); el puesto en la misma, así comprendida, de la fe y de los sacramentos; y la reciprocidad reinante entre fe y sacramentos que de ahí se deriva. Esta

---

[10] San Juan Pablo II, Enc. *Fides et ratio* (14 de septiembre de 1998) 13: *AAS* 91 (1999) 16, ha hablado de «el horizonte *sacramental* de la Revelación» (subrayado en el original). Benedicto XVI, Ex. apost. *Sacramentum caritatis* (22 de febrero de 2007) 45: *AAS* 99 (2007) 140, retoma la idea central y se refiera a la «perspectiva sacramental de la revelación cristiana».

comprensión constituye el trasfondo teológico desde el que se abordará la problemática específica de la interrelación entre fe y sacramentos en cada uno de los sacramentos que se tratarán posteriormente. Este capítulo ilustra que una celebración de un sacramento sin fe carece de sentido por contradecir la lógica sacramental que vertebra la economía divina, que es constitutivamente dialogal.

12. Seguidamente se desplegará la incidencia de la reciprocidad entre fe y sacramentos sobre algunos de los sacramentos más afectados pastoralmente por la crisis de esta reciprocidad bien sea en su comprensión bien sea en la praxis, como son los sacramentos de la iniciación cristiana (cap. 3). A la luz de la elucidación doctrinal del papel específico de la fe para la validez y la fructuosidad de cada sacramento, ofrecemos unos criterios para dilucidar cuál es la fe que se precisa para la celebración de cada uno de los sacramentos de la iniciación. En un paso ulterior (cap. 4), abordamos la interrelación entre fe y sacramentos para el caso del matrimonio. Por su propia naturaleza, nos detenemos en una cuestión que la reciprocidad entre fe y sacramentos no podía dejar de lado: la dilucidación de si la unión matrimonial entre «bautizados no creyentes» se ha de considerar sacramento. Se trata de un caso particular en el que, verdaderamente, se pone a prueba la articulación de la reciprocidad entre fe y sacramentos en la economía, tal y como sostiene el capítulo segundo. Se finaliza con una breve conclusión (cap. 5), en la que, en un plano más general, se retoma la reciprocidad entre fe y sacramentos en la economía sacramental.

13. [*Carácter doctrinal*]. La intención del documento es claramente doctrinal. Se parte, ciertamente, de una problemática pastoral, diferenciada para cada uno de los sacramentos que se abordan. Sin embargo, no se pretende ofrecer pistas pastorales concretas ni aterrizadas para cada uno de ellos. Deseamos insistir en el puesto fundamental de la fe en la celebración de cada sacramento, sin dejar fuera la precisión doctrinal sobre el caso de la fe necesaria para la validez. De ahí se pueden extraer algunos criterios generales orientativos para la acción pastoral, como hacemos al final del tratamiento de cada uno de los sacramentos considerados, pero sin descender a detalles ni, mucho menos, entrar en casuística o suplir el necesario discernimiento de cada caso particular.

14. [*Selección*]. Somos conscientes de que la situación pastoral en torno a otros sacramentos, como la penitencia y la unción de enfermos, también padece graves deficiencias. No pocas veces, se acude a la participación plena en la eucaristía sin conciencia alguna de la necesidad de una reconciliación previa con Dios y la comunidad eclesial, de la que nos hemos separado y a la que hemos dañado en su realidad de Cuerpo visible de Cristo con nuestro pecado. Se da una disociación entre la vida eucarística y la práctica de la reconciliación por parte de muchos fieles e, incluso, de algunos ministros ordenados, ignorando en la práctica de su fe cristiana la unidad armónica de todo el organismo sacramental de la Iglesia, donde no cabe *elegir subjetivamente* qué sacramentos «consumir» y cuáles preterir. También se vive con frecuencia

la unción de los enfermos rodeada de elementos mági-
cos, como si fuera una especie de conjuro invocando una
intervención milagrística de Dios o del Espíritu divino,
sin una relación personal con Cristo, Salvador de la persona, tanto de su cuerpo como de su alma. Los límites
de extensión nos obligan a concentrarnos en aquellos
sacramentos que conforman la iniciación cristiana y el
matrimonio, todos ellos de una importancia excepcional para construir y fortalecer el Cuerpo de Cristo. El
modo como se abordan estos sacramentos, como también las alusiones aisladas al resto y el marco teológico
general que se ofrece permitirán extraer consecuencias
para aquellos sacramentos que no podemos considerar
monográficamente.

# 2.
# ÍNDOLE DIALOGAL DE LA ECONOMÍA SACRAMENTAL DE LA SALVACIÓN

15. [*Introducción: plan y objetivo*]. En este capítulo hacemos una doble incursión de tipo general en orden a discernir la reciprocidad existente entre fe y sacramentos. En la primera sección, consideramos la economía divina, descubriendo en ella una índole sacramental.[11] Esto nos permite profundizar en la sacramentalidad, como una dimensión constitutiva de la misma. El tratamiento de la sacramentalidad en cuanto tal requiere, por sí mismo, adentrarse en la fe, poniéndose así de relieve la interconexión entre fe y sacramentalidad y, también y más concretamente, entre fe y sacramentos. Concluimos esta sección con una recapitulación de los ejes constitutivos de la economía sacramental más destacados en nuestra exposición. Con ello se ilumina, en un primer paso, la reciprocidad entre fe y sacramentos. En la segunda sección, nos detenemos en la consideración de la fe, de un lado, y de los sacramentos de la fe en cuanto tal, por otro lado, mostrando, no obstante, en ambos casos la íntima conexión reinante entre fe y sacramentos. La fe está constitutivamente predispuesta hacia la celebración sacramental. La índole dialógica de los sacramentos reclama una fe adecuada en su celebración. Ambas secciones de este capítulo poseen un tenor complementario, que permite mostrar tanto la amplitud como

---

[11] Cf. *Catecismo de la Iglesia Católica,* § 1076: «La economía sacramental». Véase la nota 54.

la profundidad de la reciprocidad entre fe y sacramentos, con sus diversas ramificaciones. El capítulo se cierra con una breve conclusión.

## 2.1. *El Dios trinitario: fuente y fin de la economía sacramental*

### a) Fundamento trinitario de la sacramentalidad

16. [*Sacramentalidad: concepto*]. A la lógica sacramental le pertenece la correlación inseparable entre una realidad significante, con una dimensión visible externa, ej. la humanidad íntegra de Cristo, y otra significada de carácter sobrenatural, invisible, santificante, ej. la divinidad de Cristo.[12] Cuando hablamos de sacramentalidad nos referimos a esta relación inseparable, de tal manera que el símbolo sacramental contiene y comunica la realidad simbolizada. Esto presupone que toda realidad sacramental incluye de por sí una relación inseparable con Cristo, fuente de la salvación, y con la Iglesia, depositaria y dispensadora de la salvación de Cristo.

17. [*Dios trino: raíz*]. La comprensión de la lógica sacramental supone entender cómo opera la economía divina de la salvación, que brota del Dios trinitario, co-

---

[12] «Si hay que hablar brevemente, el Salvador es a partir de "una cosa" y "otra" (ἄλλο καὶ ἄλλο). Es cierto que lo invisible y lo visible no son lo mismo, como tampoco lo que está fuera del tiempo y lo que está sometido al tiempo. Sin embargo, el Salvador no es "uno" y "otro" (ἄλλος καὶ ἄλλος). ¡En absoluto!» (Gregorio Nacianceno, *Ep. I ad Cledonium,* 20 [SCh 208, 44; PG 37, 180 A]).

18

munión de personas distintas en la unidad de una única sustancia divina, y de la encarnación redentora, en la que el Verbo eterno, sin detrimento de su divinidad irrestricta, asume nuestra humanidad con todas sus consecuencias. Este entramado afirma claramente la presencia de Dios mismo en la humanidad de Jesucristo, el Verbo enviado por el Padre, que se encarnó de María virgen por obra del Espíritu Santo. El encuentro con la humanidad de Jesucristo, ungida por el Espíritu Santo para su misión pública, es, mediante la fe, encuentro con el Verbo encarnado. Con estas claves se comprende cómo es posible que una *palabra* sensible, sacramental, perceptible por nosotros los humanos, sea simultáneamente verdadera palabra *de Dios*. Las personas humanas solamente somos capaces de percibir, de experimentar y comunicarnos al modo «humano», también para entrar en relación con Dios. ¿Cómo pueden los signos sacramentales o las palabras sagradas de la Escritura ser más que meras creaciones humanas y contener la presencia de *Dios mismo?* Para que haya comunicación verdadera, no es suficiente con la emisión de un mensaje, se necesita la recepción. Si Dios Padre nos hubiera hablado en Jesucristo y nadie hubiera escuchado su mensaje (fe), la comunicación entre Dios y la humanidad no habría tenido lugar. Sin embargo, según el testimonio neotestamentario, quien entra en relación con el hombre Jesús se relaciona con *Dios mismo,* con el Verbo encarnado. El Espíritu Santo es quien obra de modo que la *Palabra* de Dios, encerrada en la limitación de la humanidad de Jesús, sea percibida por los creyentes como Palabra *de Dios*. Gregorio Nacianceno formula así esta realidad: «desde la luz que es el Padre, entendemos al Hijo en la luz, esto es en el Espíritu Santo». Y añade: «teología breve y simple de la Trinidad».[13]

18. [*La fe como acogida dialogal de la revelación sacramental*]. Así, pues, entra en juego no solamente la inseparabilidad de la humanidad de Jesús con la Palabra de Dios, sino también la recepción de parte de los creyentes (fe) de esta Palabra como divina mediante la intervención del Espíritu Santo. Aquí reside la lógica sacramental, mediante la cual *Dios mismo* se da en los sacramentos. La sacramentalidad primaria de Jesucristo, la derivada de la Iglesia y la de los siete sacramentos se fundamentan en la fe trinitaria. Solo si Jesucristo es Dios verdadero nos puede revelar el rostro de Dios. Pero en ese caso, la comunión sacramental con Jesucristo es comunión sacramental con Dios. Si el Espíritu Santo es Dios verdadero, entonces puede abrirnos a Dios e introducirnos en la vida divina por medio de los signos sacramentales.[14]

19. [*Despliegue de la sacramentalidad*]. Dado que la revelación sucede de modo sacramental, el elemento sacramental ha de permear toda la existencia creyente y la misma fe. En efecto, de la sacramentalidad de la revelación, de la gracia y de la Iglesia se sigue la sacramentalidad de la fe, como acogida y respuesta a esta revelación (DV 5). La fe

---

[13] GREGORIO NACIANCENO, *Or. Theol.*V (PG 36, 135 C [*Or.* 31,3 (SCh 250, 280)]).
[14] Cf. *Catecismo de la Iglesia Católica,* § 1091.

20

se genera, cultiva, crece y se expresa en la sacramentalidad, en ese encuentro con el Dios vivo a través de las mediaciones por las que Él mismo se dona. Así, *la sacramentalidad es el hogar de la fe*. Pero también, en esta dinámica *la fe se manifiesta como la puerta* (cf. *Hch 14,27*) *de acceso a lo sacramental:* al encuentro y a la relación con el Dios cristiano en la creación, en la historia, en la Iglesia, en la Escritura,[15] en los sacramentos. Sin la fe los símbolos de índole sacramental no actualizan su significación, sino que enmudecen. La sacramentalidad implica una comunicación y una comunión personal entre Dios y el creyente por medio de la Iglesia y las mediaciones sacramentales.

20. [*Correlación de la sacramentalidad con la antropología*]. La persona humana es un espíritu encarnado.[16] Los seres humanos no somos ni mera materia inanimada ni un espíritu incorporal angélico. Lo que nos define más auténticamente es esa unión complementaria entre lo material-corpóreo, visible, y lo espiritual-incorpóreo, que no está desligado de lo material y se da a conocer a través suyo. El caso del rostro personal, que es la expresión de un cuerpo material, manifiesta de modo magnífico esta unión entre nuestro ser material, la cara, y nuestra realidad espiritual, estado anímico e identificación personal.

---

[15] Cf. Benedicto XVI, Ex. apost. *Verbum Domini* (30 de septiembre de 2010) 56: *AAS* 102 (2010) 735-736.

[16] Cf. Concilio Ecuménico IV de Letrán, *Profesión de fe. Capítulo 1: sobre la fe católica* (DH 800); Concilio Ecuménico Vaticano II, Const. past. *Gaudium et spes*, 14.

En el rostro se expresa toda la persona. La estructura sacramental de la revelación divina tiene presente nuestra realidad más auténtica.[17] Se adecúa a nuestro ser más radical, a nuestra capacidad y nuestro modo de interrelacionar en las dimensiones más profundas de la comunicación. Los encuentros más profundos entre las personas humanas son siempre de índole interpersonal. El encuentro con Dios participa de esta naturaleza: es encuentro personal *con el Dios trinitario* que se hace presente en la Escritura, en la Iglesia, en los signos sacramentales.

21.  [*Sacramentalidad de la fe*]. La «sacramentalidad de la fe» en el fondo viene a formular una redundancia, pues toda fe cristiana es fe sacramental gracias a la mediación de la Iglesia mientras peregrinamos hacia la patria celestial. La fe es la acogida y la respuesta a la revelación sacramental de Dios; y la fe se expresa a sí misma y se alimenta de forma sacramental, no pudiendo no hacerlo para ser verdadera fe cristiana. Desde esta perspectiva, los *sacramentos* se entienden básicamente como *un acto de fe eclesial. La fe de la Iglesia precede, genera, sostiene y nutre la del cristiano.* La fe, por su parte, no es ajena a lo sacramental, sino que en su misma esencia se constituye con una impregnación y una lógica sacramental. Por eso, en la relación entre fe y sacramentos entran en juego dos elementos que se encuentran en íntima reciprocidad: los sacramentos, que presuponen y alimentan la fe personal y eclesial; y la necesaria expresión sacramental de la fe. Los

___

[17] Cf. AMBROSIO, *In Lucam* II,79 (PL 15, 1581); TOMÁS DE AQUINO, *STh* III, q.61 a.1.

sacramentos, por tanto, se configuran como una suerte de *representación anamnética que actualiza y visibiliza la fe.*

b) Sacramentalidad de la creación y de la historia

22. [*Dios creador*]. Según el testimonio bíblico la creación (ej. Gn 1-2) es el primer paso de la economía divina. La comprensión cristiana sostiene el carácter libre de la creación. Dios no crea por necesidad alguna ni por carencia de algo, si así fuera no sería Dios en verdad; sino por la plenitud desbordante de amor que Él mismo es, con el objeto de repartir sus beneficios a seres capaces de recibirlos y responder desde la lógica amorosa que preside la misma creación.[18]

23. [*Sacramentalidad de la creación*]. El Padre realiza el designio creador mediante el Verbo y el Espíritu. Por eso, la misma creación contiene la huella de haber sido plasmada por el Verbo y estar dirigida por el Espíritu hacia su finalización en el mismo Dios. Como Dios plasma su marca en la creación, la teología habla de una cierta «sacramentalidad de la creación», en sentido analógico, en cuanto que, en ella misma, en su propio ser creatural constitutivo, se halla una referencia a su Creador (cf. Sab 13,1-9; Rm 1,19-20; Hch 14,15-17; 17,27-28), que permite que luego sea elevada y consumada en la obra reden-

---

[18] Cf. TEÓFILO DE ANTIOQUÍA, *Aut.* II,10,1 (PG 6, 1064; FuP 16, 116); IRENEO DE LYON, *Adv. haer.* IV,14,1; IV,20,4 (SCh 100/2, 538; 636); JUAN DUNS ESCOTO, *Ord.* III, d. 32, q. un., n. 21 (Vat. X,136-137); *Catecismo de la Iglesia Católica,* § 293.

tora sin un forzamiento extrinsecista. En este sentido se ha hablado del libro de la naturaleza.[19]

24. [*Persona humana: responde a Dios*]. Dentro de la creación visible, la persona humana descuella por haber sido creada a imagen y semejanza de Dios (Gn 1,26). San Pablo subraya la dimensión cristológica de esta imagen: es Cristo, que es imagen de Dios invisible (Col 1,15; 2Cor 4,4), pues el primer Adán era figura del que había de venir (cf. Rm 5,14). Esto hace de la persona humana un ser en el que la donación de Dios de sí mismo en la creación puede encontrar una respuesta personal y libre. Pues a imagen de Dios, la persona humana también realiza más intensamente su propio ser (identidad) en cuanto más se entrega ella misma en una relación de amor (alteridad).

25. La rica realidad de la persona humana como *imago Dei* incluye diversos aspectos, en los que se pone de relieve, mediante la semejanza divina, la capacidad de respuesta a Dios, asimilando su ser al divino.[20] Entre ellos sobresalen la comunión y el servicio.[21] Si el Dios trinitario es esencialmente comunión y relación interpersonal, la persona humana, en cuanto imagen de Dios, ha sido

---

[19] Ej.: Hugo de san Víctor, *De tribus diebus*, IV (PL 175, 814 B; CCCM 177, 9); Ricardo de san Víctor, *De Trin.* I,9; Buenaventura, *Itinerarium*, I,14; Benedicto XVI, Ex. apost. *Verbum Domini* (30 de septiembre de 2010) 7: *AAS* 102 (2010) 688.

[20] Efrén, *Hymni de fide*, 18,4-5 (CSCO 154, 70; 155, 54).

[21] Cf. Comisión Teológica Internacional, *Comunión y servicio: La persona humana creada a imagen de Dios* [2004]. Véase también nuestro § 20.

creada para vivir en comunión y relación interpersonal. Esto se expresa de modo magnífico en la diferencia sexual: «Y creó Dios al hombre a su imagen, a imagen de Dios lo creó, varón y mujer los creó» (Gn 1,27). De ahí que la persona humana alcance su propio ser en tanto en cuanto despliegue su relacionalidad y su capacidad de comunión: con los otros seres humanos, con la creación y con Dios. En Jesucristo resplandece en su plenitud el ejercicio de esta dinámica de comunión y de relación. La vida filial, que en Él se muestra, manifiesta la altura de la vocación humana (cf. GS 10, 22, 41).

26. Como ser relacional y creado para la comunión la persona humana se puede definir por el lenguaje. Ahora bien, el lenguaje es una realidad de orden simbólico, que apunta, por una parte, a la expresión de lo que la realidad es de suyo (creación de Dios), y, por otra, a la comunicación interpersonal (comunión). Como ser simbólico, creado a imagen de Dios, la persona alcanza su realidad más auténtica en tanto en cuanto inscribe la realización de su ser en un ámbito específico de expresión simbólica, en el que se despliega toda la riqueza de su ser propio: como ser creatural, como ser interrelacional y como ser llamado a la comunión con Dios. Los sacramentos recogen con solvencia, expresan, desarrollan y potencian este rico entramado.

27. Como signo elocuente de su dignidad y amistad con Dios, el hombre también recibe el encargo de ejercer un gobierno delegado sobre la creación (Gn 2,15; cf. 1,28; Sab 9,2) nombrando a todas las demás creaturas

(Gn 2,19-20) y cuidando de ellas según el designio divino.[22] Por eso, la actividad humana en el mundo está encaminada hacia la glorificación de Dios, reconociendo en ella la huella del creador (cf. GS 34). De esta manera, la persona humana conduce a la creación mediante una suerte de «sacerdocio cósmico» hacia su verdadera finalidad: la manifestación de la gloria de Dios.

28. [*Sacramentalidad de la historia*]. El deseo de Dios de comunicar sus dones no se restringe a dejar la huella de su amor en la creación. La historia del pueblo de Israel en su conjunto se puede contemplar de modo adecuado como una historia de amor de Dios con su pueblo. Dentro de esta historia destacan algunos acontecimientos especiales, que prefiguran aspectos esenciales, que fundan la relación sacramental de Dios con su pueblo, que alcanzará su culminación con Cristo. En todos ellos se advierte una perceptibilidad visible del modo cómo Dios se relaciona con su pueblo, agraciándolo. Así, en ellos se descubre una suerte de gramática primera para la constitución posterior del lenguaje sacramental *sensu stricto*. Entre estos acontecimientos, de los que podemos hacer una lectura de corte sacramental, se encuentran: la elección de Abraham, de David y los israelitas y el don de la Ley, que se convertirán en la base de todo discurso sacramental; las múltiples alianzas, dentro del único designio divino, en que se establece una nueva relación entre Dios

---

[22] Cf. FRANCISCO, Enc. *Laudato si'* (24 de mayo de 2015) esp. 65-75: *AAS* 107 (2015) 872-877.

y la humanidad, en las que se actúa de modo especial la sacramentalidad; la liberación de Israel de Egipto, el exilio y el retorno a Jerusalén, en que de un modo nuevo se anticipa tanto la salvación futura de Cristo, como se representa en figura (*typos*) la función sacramental de la Iglesia; la presencia de Dios en medio de su pueblo en el Tabernáculo y en el Templo, que adquirirá una densidad particular en Cristo y los sacramentos cristianos. Israel recordará y actualizará litúrgicamente esta densidad de la presencia de Dios a través de diferentes ritos cultuales (ej. sacrificios), signos sagrados (ej. la circuncisión), y fiestas (ej. la Pascua), siempre iluminadas por la lectura de la Palabra. La teología cristiana designa estas realidades como sacramentos de la antigua Ley y les atribuye un componente salvífico por su referencia a Cristo[23] y en proporción a la fe de los que los celebraban (*ex opere operantis*). Por lo tanto, se descubre que la misma historia de salvación posee una cierta índole sacramental.[24] Mediante acontecimientos históricos, signos y palabras, estrechamente enlazados, Dios mismo se acerca a su pueblo y le comunica su voluntad, su amor, su predilección, a la vez que le indica el camino de la amistad con Dios y la vida humana más verdadera.

---

[23] «Proinde prima sacramenta, quae observabantur et celebrabantur ex Lege, praenuntiativa erant Christi venturi: quae cum suo adventu Christus implevisset, ablata sunt; et ideo ablata, quia impleta; non enim venit solvere Legem, sed adimplere» (AGUSTÍN, *Contra Faustum*, XIX,13; PL 42, 355).

[24] Cf. IRENEO DE LYON, *Adv. haer.* IV,21,3 (SCh 100/2, 684); TERTULIANO, *De baptismo*, 3 (CCSL 1, 278-279).

29. [*Pecado*]. A lo largo de la historia, muchos creyentes de todos los tiempos han vivido en amistad con Dios, acogiendo su don y respondiendo con generosidad a la misericordia y la fidelidad de Dios. Sin embargo, también es cierto que, a pesar de la insistencia de Dios, los hombres no siempre acogemos esta oferta de amor. Desde los comienzos no solamente se da la tentación de ignorar el camino de la amistad con Dios, como el mejor medio de realizar lo que significa ser persona humana, sino que también se rechaza su oferta (Gn 3). La historia de Israel, y la de la humanidad, se puede entender como una búsqueda afanosa de Dios para conquistar de nuevo la amistad cordial con el hombre cuando esta se ha perdido (ej. Ez 16). Desde aquí se comprende el profundo sentido de que muchos de los signos de tipo cultual de orden salvífico veterotestamentarios contengan un significado de expiación o reconciliación con Dios (ej. abluciones, sacrificios).

c) La encarnación: centro, cumbre y clave de la economía
   sacramental

30. [*Jesucristo: Ur-Sakrament*]. El deseo de Dios de donarse Él mismo adquiere su cumbre insuperable en Jesucristo (cf. DV 2). En virtud de la unión hipostática (cf. DH 301-302), la humanidad de Cristo, hombre verdadero, «en todo semejante a nosotros, menos en el pecado» (Heb 4,15), es la humanidad del Hijo de Dios, del Verbo eterno encarnado «por nosotros y por nuestra salvación» (DH 150). La teología reciente afirma que Jesucristo es el sacramento primordial (*Ur-Sakrament*) y la clave de la

estructura sacramental de la historia de la salvación. En síntesis, en Jesucristo descubrimos que *la economía* divina de la salvación, *por ser encarnatoria, es sacramental.*[25] Por esta razón se puede afirmar con verdad que «los sacramentos se encuentran en el centro del cristianismo. La pérdida de los sacramentos equivale a la pérdida de la encarnación y viceversa».[26] Pues en Jesucristo, como cumbre de la historia y plenitud del tiempo salvífico (Gal 4,4), se da la unidad más estrecha posible entre un símbolo creatural, su humanidad, y lo simbolizado, la presencia salvífica de Dios en su Hijo en medio de la historia. La humanidad de Cristo, como humanidad inseparable de la persona divina del Hijo de Dios, es «símbolo real» de la persona divina. En este caso supremo, lo creado comunica en grado sumo la presencia de Dios.

31. [*La humanidad del Crucificado glorioso: fundamento de los sacramentos*]. Por consiguiente, la humanidad de Cristo está intrínsecamente facultada para que Él sea el «mediador y la plenitud de toda revelación» (DV 2), de un modo cualitativamente insuperable con respecto a cualquier otra realidad creatural, dado que es la humanidad propia del Hijo de Dios (cf. Heb 1,1-2). Aquello a lo que incoativamente apuntaba la creación se realiza de

---

[25] «Caro salutis est cardo» (Tertuliano, *De resurrectione*, 8; CCSL 2, 931). Cf. Congregación para la Doctrina de la Fe, Carta *Placuit Deo* (22 de febrero de 2018) §§ 1-2, 4, 8 (encarnatoria) en correlación con §§ 13-14 (sacramental).

[26] J. Ratzinger, «Prefazione», en H. Luthe (ed.), *Incontrare Cristo nei sacramenti*, Cinisello Balsamo (MI) 1988, 8.

modo eminente en la humanidad de Jesucristo. Todas las acciones y las palabras de Jesucristo, el Verbo eterno encarnado, ungido por el Espíritu, quedan cualificadas por la encarnación. De tal modo que, mediante sus palabras y obras, y la manifestación de toda su persona nos transmite la revelación de Dios (cf. DV 4). Así, Jesucristo mismo es el misterio de Dios transmitido y revelado a los hombres (cf. Col 2,2-3; 1,27; 4,3), presente en los diferentes misterios salvíficos de su vida: nacimiento, bautismo, transfiguración, etc. Ahora bien, el despliegue del misterio de Cristo alcanza su cúspide en la muerte y resurrección gloriosa, a la que prosigue el don del Espíritu (cf. DV 4). Ahí la revelación del amor de Dios hasta el extremo (cf. Jn 13,1) y su fuerza redentora se condensan con una intensidad sublime e insuperable. Como resultado se produce la condonación del pecado (cf. Col 2,13-14) y la apertura a participar de la vida eterna del Resucitado, mediante el don del Espíritu que nos hace partícipes de la naturaleza divina (cf. 2Pe 1,4). Así entendemos que Jesucristo concentra el fundamento y la fuente de toda la sacramentalidad, que luego se despliega en los diferentes signos sacramentales que generan la Iglesia, donde se recogen aspectos señeros y momentos densos de su vida: perdón de los pecados (penitencia), curación de enfermos (unción de enfermos), muerte y resurrección (bautismo y eucaristía), elección e institución de discípulos como pastores de la comunidad (orden), etc. La lógica sacramental, inscrita en la revelación trinitaria, se prolonga y condensa en los sacramentos, en los que Cristo se hace presente de modo particularmente intenso (SC 7). La estructura y la lógica sacramental de la fe penden de Jesucristo, el Verbo encarnado y redentor.[27]

32. En efecto, Jesús no nos comunica simplemente algo importante acerca de Dios. Él no es simplemente *un* maestro, *un* mensajero o *un* profeta, sino la presencia personal del Verbo de Dios en la creación. Dado que Él como hombre verdadero es inseparable de Dios, al que llama «Padre», la comunión con él significa comunión con Dios (Jn 10,30; 14,6. 9). El Padre quiere conducir a todos los hombres mediante el Espíritu Santo a la comunión con Jesucristo. Jesucristo es, al mismo tiempo, el camino que conduce a la vida y la misma vida (Jn 14,6); en otras palabras: «Él es, al mismo tiempo, el Salvador y la Salvación».[28] Con los sacramentos del Verbo celebrados en el Espíritu, especialmente con el memorial de su muerte y resurrección, se nos ofrece un camino y un remedio tras el extravío del pecado, para allegarnos a la comunión y la relación personal con Dios mediante la participación en la vida de Cristo, insertándonos en Él. Así, se realiza la obra de la salvación, que completa y culmina su inicio con la creación. Sin embargo, Dios hace que la aceptación de este regalo dependa de *la cooperación* de los destinatarios. Como manifiesta ejemplarmente el caso de Nuestra Señora, modelo eclesial del discípulo, la gracia respeta la libertad, no se impone de manera coactiva sin

[27] TOMÁS DE AQUINO, *STh* III, q.60 a.6 resp.
[28] CONGREGACIÓN PARA LA DOCTRINA DE LA FE, Carta *Placuit Deo* (22 de febrero de 2018), § 11.

anuencia de la libertad (Lc 1,38), aunque el asentimiento esté posibilitado por la misma gracia (Lc 1,28).

### d) La Iglesia y los sacramentos en la economía sacramental

33. [*Iglesia: Grund-Sakrament*]. La tangibilidad histórica de la gracia, que se ha hecho históricamente presente en Jesucristo, permanece de modo privilegiado, pero derivado, por obra del Espíritu Santo, en la Iglesia.[29] Al ser de la Iglesia le pertenece una estructura visible e histórica, al servicio de la transmisión de la gracia invisible, que ella misma recibe de Cristo y transmite gracias al Espíritu. Se da una analogía notable entre la Iglesia y el Verbo encarnado (cf. LG 8; SC 2). Desde estas premisas, la teología contemporánea ha profundizado la comprensión de la Iglesia como sacramento fundamental (*Grund-Sakrament*), en una línea cercana a la comprensión del Vaticano II de la Iglesia como sacramento universal de salvación.[30] En cuanto sacramento, la Iglesia está al servicio de la salvación del mundo (LG 1; GS 45), de la transmisión de la gracia cuya recepción la ha constituido en sacramento. La sacramentalidad comporta siempre un carácter misionero, de servicio para el bien de otros.

[29] «Moritur Christus ut fiat Ecclesia» (AGUSTÍN, *In Johannis ev.,* IX,10: CCSL 36, 96; PL 35, 1463).

[30] Cf. CONCILIO ECUMÉNICO VATICANO II, Const. dog. *Lumen gentium,* 1, 9, 48, 59; Const. *Sacrosanctum Concilium,* 5, 26; Dec. *Ad gentes* 1, 5; Const. past. *Gaudium et spes,* 42, 45.

34. Ahora bien, también en cuanto sacramento, en la Iglesia misma ya se da una perceptibilidad de la gracia de Dios, de la irrupción del reino de Dios. Así, si de una parte la Iglesia está al servicio de la instauración del reino de Dios; de otra parte, en ella ya se da la presencia del reino de Cristo en misterio (LG 3). Dotada de estos medios de gracia, puede ser en verdad el germen y el inicio del reino[31] (LG 5). En cuanto peregrina y formada por pecadores, no se da una identificación total entre la Iglesia y el reino de Dios; en cuanto realidad constituida por la gracia, posee una dimensión escatológica, que culmina en la Iglesia celestial y la comunión de los santos[32] (cf. LG 48-49).

35. [*Iglesia: realidad cristológica y pneumatológica*]. Como criatura trinitaria, esto es «el pueblo unido "por la unidad del Padre, del Hijo y del Espíritu Santo"»,[33] la Iglesia no solamente guarda una íntima relación con el Verbo encarnado, hasta el punto de poder afirmar de ella con verdad que es el Cuerpo de Cristo (cf. LG 7), sino también con el Espíritu Santo. Y esto no solo porque el Es-

---

[31] Cf. SAN JUAN PABLO II, Enc. *Redemptoris Missio* (7 de diciembre de 1990) 18: *AAS* 83 (1991) 265-266; CONGREGACIÓN PARA LA DOCTRINA DE LA FE, Decl. *Dominus Iesus* (6 de agosto de 2000) 18: *AAS* 92 (2000) 759-760.

[32] Cf. COMISIÓN TEOLÓGICA INTERNACIONAL, *Temas selectos de eclesiología* [1984], cap. 10: «El carácter escatológico de la Iglesia: Reino e Iglesia».

[33] CONCILIO ECUMÉNICO VATICANO II, Const. dog. *Lumen gentium,* 4, con cita interna de CIPRIANO, *De dominica oratione,* 23 (PL 4, 553; CSEL 3/I, 285).

píritu, el magno don del Resucitado (cf. Jn 7,39; 14,26; 15,26; 20,22), obra en su constitución (cf. LG 4), habita en ella y en los fieles como en un templo (1Cor 3,16; 6,19), la unifica y genera el dinamismo misionero que le es inherente (cf. Hch 2,4-13). Sino también porque la Iglesia es un pueblo espiritual, pneumático (cf. LG 12), enriquecido con los diversos dones que el Espíritu dona a los fieles para el bien del conjunto de la comunidad (cf. Rm 12,4-8; 1Cor 12,12-30; 1Pe 4,10). Estos dones carismáticos impulsan hacia una apropiación particular de la riqueza de la Palabra de Dios y de la gracia sacramental, robusteciendo la comunidad, impulsando su misión (cf. AA 3), en suma: fortaleciendo la sacramentalidad de la Iglesia.[34]

36. [*Continuidad sacramental de la oferta salvífica*]. La oferta salvífica que se hizo historia con Jesucristo se continúa a través de la Iglesia (cf. Lc 10,16), cuerpo de Cristo, de modo vivo en los sacramentos, gracias a la acción del Espíritu:[35] «lo que era visible en Cristo ha pasado a los sacramentos» de la Iglesia.[36] La Iglesia católica sostiene que los siete sacramentos han sido instituidos por Cristo,[37] puesto que solo Él puede autoritativamente unir

---

[34] Cf. CONGREGACIÓN PARA LA DOCTRINA DE LA FE, Carta *Iuvenescit Ecclesia* (15 de mayo de 2016),§ 23; véase también §§ 11 y 13.

[35] Cf. *Catecismo de la Iglesia Católica,* § 1116.

[36] LEÓN MAGNO, *Sermo* 74,2 (PL 54, 398). Cf. AMBROSIO DE MILÁN, *Apol. pro prophetae David,* XII,58 (PL 16, 875); *Catecismo de la Iglesia Católica,* § 1115.

[37] Cf. CONCILIO ECUMÉNICO DE TRENTO, Sesión séptima. *Decreto sobre los sacramentos,* can. 1 (DH 1601); *Catecismo de la Iglesia Católica,* § 1114.

eficazmente el don de su gracia salvífica a determinados signos.[38] Con esta afirmación se pone de relieve que los sacramentos no son una creación eclesial, que la Iglesia no puede cambiar su sustancia,[39] sino que se fundamentan en el acontecimiento Cristo tomado en su conjunto: encarnación, vida, muerte y resurrección. En el origen de los sacramentos entra en juego el significado de la encarnación (cf. §§ 30-32), por las características específicas de la humanidad de Cristo, que se despliegan a lo largo de los misterios de su vida, culminando en la Pascua, como el don máximo de sí mismo y fuente de todas las gracias, comenzando por el don del Espíritu. La Iglesia, iluminada por el Espíritu que recibió en Pentecostés y alentada por la celebración de la eucaristía (cf. PO 5), fuente y cumbre de la vida cristiana (SC 10; LG 11), ha reconocido que el don sacramental de Cristo se continúa de modo eminente en los siete signos sacramentales, que se remontan al mismo Cristo de modo diverso,[40] sosteniendo, al mismo tiempo, que la gracia divina no se circunscribe en exclusiva a los siete sacramentos.[41]

---

[38] Cf. TOMÁS DE AQUINO, *STh* III, q.64 a.2.

[39] CLEMENTE VI, Carta *Super quibusdam* de 1351 (DH 1061); CONCILIO ECUMÉNICO DE TRENTO, Sesión vigesimoprimera. *Doctrina y cánones sobre la comunión bajo las dos especies y la comunión de los niños pequeños,* cap. 2 (DH 1728); PÍO X, Carta *Ex quo, nono* de 1910 (DH 3556); PÍO XII, Const. *Sacramentum ordinis* de 1947 (DH 3857).

[40] Véase *infra* para cada uno de los sacramentos que tratamos el breve apunte sobre fundamentación escriturística que ofrecemos.

[41] TOMÁS DE AQUINO, *STh* III, q.64 a.2 ad 3.

37. [*La gracia sacramental y los no cristianos*]. La Iglesia afirma que se da la gracia que justifica y dona la salvación y, por lo tanto, fe verdadera también fuera de la Iglesia visible, pero no independientemente de Jesús (sacramento primordial) y la iglesia (sacramento fundamental). La acción del Espíritu Santo no se circunscribe a los límites de la Iglesia visible, sino que «su presencia y acción son universales, sin límite alguno ni de espacio ni de tiempo».[42] Las religiones no cristianas pueden contener aspectos de la verdad y pueden ser medios y signos indirectos de la gracia espiritual de Jesucristo. Pero no por esto se trata de caminos salvíficos paralelos a Cristo o independientes de Cristo y su Iglesia.[43]

38. [*Gracia sacramental y fe*]. En suma, la Palabra de Dios, creadora y eficaz, ha creado el lenguaje interpersonal de las palabras sacramentales, que son los sacramentos; palabras en las que la Palabra sigue actuando gracias al Espíritu. En las palabras que pronuncia el ministro en nombre de la Iglesia, ej. «yo te bautizo», Cristo Resucitado sigue hablando y actuando.[44] Dado que los sacramen-

---

[42] San Juan Pablo II, Enc. *Redemptoris Missio* (7 de diciembre de 1990) 28: *AAS* 83 (1991) 273. Cf. San Juan Pablo II, Enc. *Dominum et Vivificantem* (18 de mayo de 1986) 53: *AAS* 78 (1986) 874-875; Concilio Ecuménico Vaticano II, Const. past. *Gaudium et spes*, 22.

[43] Cf. San Juan Pablo II, Enc. *Redemptoris Missio* (7 de diciembre de 1990) 28-29: *AAS* 83 (1991) 273-275; Comisión Teológica Internacional, *El cristianismo y las religiones* [1996], §§ 81-87.

[44] Cf. Augustín, *In Johannis ev.*, V,18 (CCSL 36, 51-53; PL 35, 1424); Juan Crisóstomo, *In 2 Tm. Hom.*, 2,4 (PG 62, 612).

tos hacen posible hoy por el Espíritu una relación personal con el Señor muerto y resucitado, no tienen sentido sin dicha relación, que se condensa en la palabra «fe».

39. [*Sacramentos: ejercicio supremo de la sacramentalidad eclesial*]. La sacramentalidad fundamental de la Iglesia se ejerce de modo privilegiado y con especial intensidad en la celebración de los sacramentos. Los sacramentos comportan siempre una índole eclesial: en ellos la Iglesia pone en juego su propio ser, al servicio de la transmisión de la gracia salvífica de Cristo resucitado, mediante la asistencia del Espíritu. Por eso, todos y cada uno de los sacramentos son actos intrínsecamente eclesiales. Según los Padres, los sacramentos siempre se celebran en la fe de la Iglesia, pues han sido confiados a la Iglesia. En todos y cada uno de los sacramentos, la fe de la Iglesia precede a la fe de los fieles singulares. Se trata, en efecto, de un ejercicio personal de la fe eclesial. Por lo tanto, sin la participación en la fe eclesial, dichos actos simbólicos enmudecen, en cuanto que la fe abre la puerta de la significación sacramental operante.

40. [*Sacramentales*]. La sacramentalidad eclesial no solamente se plasma en los sacramentos. Se dan otra serie de realidades de índole sacramental que forman parte de la vida y la fe de la Iglesia, entre las que destaca la Sagrada Escritura. Para la piedad cristiana, ostentan gran importancia los llamados sacramentales, que son signos sagrados, creados según el modelo de los sacramentos, que disponen hacia los sacramentos y santifican las di-

versas circunstancias de la vida (SC 60). Lo propio de los sacramentos radica en que en ellos se da un compromiso eclesial autorizado y seguro de transmisión de la gracia de Cristo, siempre que se cumplan todos los requisitos. En los sacramentales, sin embargo, no se puede hablar de una eficacia semejante a la de los sacramentos.[45] En ellos, se da una preparación para la recepción de la gracia y una disposición para cooperar con ella, no una eficacia *ex opere operato* (cf. § 65), exclusiva de los sacramentos. Así, mientras que el agua del bautismo produce el efecto del perdón de los pecados en el seno de la celebración sacramental, el agua bendita, recuerdo del bautismo, no causa un efecto por sí misma, sino en la medida en que se recibe con fe, por ejemplo al persignarse a la entrada del templo.

e) Los ejes de la economía sacramental

41. Sistematizando los resultados principales de nuestro recorrido, podemos establecer los siguientes puntos fundamentales:

a) La economía divina trinitaria, por ser encarnatoria, es sacramental. Siendo la economía de índole sacramental, los siete sacramentos instituidos por Cristo, custodiados y celebrados por la Iglesia, ostentan una importancia capital dentro de la misma.

b) La sacramentalidad de la economía divina remite a la fe. Mediante la fe se capta dicha sacramentalidad

---

[45] *Catecismo de la Iglesia Católica,* § 1670. Cf. Concilio Ecuménico Vaticano II, Const. *Sacrosanctum Concilium,* 61.

y se pasa a habitar dentro de la misma. La percepción mediante la fe de la sacramentalidad está estrechamente ligada a: la encarnación, mediante la cual el designio divino se visibiliza de modo histórico y tangible; el Espíritu Santo, que perpetúa los dones de Cristo transmitiendo la gracia salvífica mediante los símbolos sacramentales; la Iglesia, institución histórica y visible, que, habiendo recibido los dones sacramentales, los sigue celebrando para alimentar y robustecer la fe de los fieles.

c) Jesucristo instituyó los sacramentos y los donó a su Iglesia de modo que los misterios de la fe se representaran de modo visible. El creyente que participa de estos misterios recibe los dones que en ellos se representan. Por consiguiente, la transmisión de la fe implica no solamente la comunicación de unos contenidos doctrinales de carácter intelectual, sino también, y junto con ellos, la inserción existencial en la trama de la economía sacramental, que la encíclica *Lumen fidei* ha descrito con maestría:

«Pero lo que se comunica en la Iglesia, lo que se transmite en su Tradición viva, es la luz nueva que nace del encuentro con el Dios vivo, una luz que toca la persona en su centro, en el corazón, implicando su mente, su voluntad y su afectividad, abriéndola a relaciones vivas en la comunión con Dios y con los otros. Para transmitir esta riqueza hay un medio particular, que pone en juego a toda la persona, cuerpo, espíritu, interioridad y relaciones. Este medio son los sacramentos, celebrados en la liturgia de la Iglesia. En ellos se comunica una memoria encarnada, ligada a los tiempos y lugares de la vida, asociada a todos los sentidos; implican a la persona, como miembro de un sujeto vivo, de un tejido de relaciones comunitarias. Por eso, si bien, por una parte, los sacramentos son sacramentos de la fe [cf. SC 59], también se debe decir que la fe tiene una estructura sacramental. El despertar de la fe pasa por el despertar de un nuevo sentido sacramental de la vida del hombre y de la existencia cristiana, en el que lo visible y material está abierto al misterio de lo eterno».[46]

d) La vertebración de la economía sacramental es dialogal. La fe representa el momento de la respuesta agraciada de la persona humana al don de Dios. Se da una reciprocidad esencial entre fe y sacramentalidad, de modo general, y entre fe y sacramentos, de modo específico.

e) La índole dialogal (fe) de la economía supone una serie de consecuencias significativas a la hora de comprender teológicamente y ofrecer pastoralmente cada uno de los diferentes sacramentos. Desde las afirmaciones antecedentes, se puede sostener con buen fundamento que unos sacramentos eficaces sin fe supondrían: o bien un mero mecanicismo causal, ajeno al ámbito de las relaciones entre el Dios trinitario y los hombres, que son de índole dialogal e interpersonal; o bien una acción de tipo mágico, extraña a la fe cristiana y a la lógica sacramental de la economía; o bien una concepción de Dios, incompatible con la doctrina católica, que no tiene presente que el mismo don divino contiene la gracia que capacita a la creatura para la anuencia y la colaboración con la acción

---

[46] FRANCISCO, Enc. *Lumen fidei* (29 de junio de 2013) 40: *AAS* 105 (2013) 582.

40

divina, en la medida propia de la creatura. En otras palabras: *dado que la economía trinitaria en cuanto sacramental es dialogal, no cabe entender la acción de la gracia que en ellos se da según el modelo de una suerte de automatismo sacramental.*

## 2.2. *La reciprocidad entre la fe y los sacramentos de la fe*

### a) Luces a partir del camino de la fe de los discípulos

42. [*Crecimiento de la fe*]. Pedro, como portavoz de los discípulos, ante la pregunta de Jesús, formula una confesión de fe: «Tú eres el Cristo» (Mc 8,29 y par.). Sin embargo, Pedro debía madurar esta fe inicial puesto que cuando Jesús comienza a explicar que es un Mesías al estilo del Hijo del hombre sufriente, un mesías que será crucificado, Pedro lo rechaza y Jesús le recrimina duramente (Mc 8,31-33). Así, Pedro hubo de realizar un camino de crecimiento en la fe, conjugando su adhesión incondicional a Jesús como Cristo con el conocimiento de los aspectos doctrinales que esto implicaba. Esto no solamente compete a Pedro, sino que refleja la realidad de cada creyente. Los mismos apóstoles nos muestran el camino con su petición al Señor: «auméntanos la fe» (Lc 17,5). Pablo advierte este crecimiento gradual y cuenta con él, pues se refiere a «la medida de la fe que Dios otorgó a cada cual» (Rm 12,3; cf. 12,6). También amonesta a los cristianos de Corinto, a quienes ha de tratar como «niños en Cristo», dándoles «leche» en lugar de alimento sólido (cf. 1Cor 3,1-2). La carta a los hebreos se hace eco de esta diferencia hablando a miembros de la comunidad cristiana (cf. Heb 5,11-14). Yendo más allá

de los rudimentos básicos de la doctrina y la fe cristiana, el alimento sólido está dirigido a los creyentes que en su caminar como cristianos se ejercitan en el discernimiento del bien y del mal, a aquellos cuya existencia completa está iluminada por la luz de la fe.[47]

43. Los discípulos y otros admiradores de Jesús, la muchedumbre, captaron algo especial en la figura de Jesús antes de la Pascua. En particular, en el contexto de las curaciones se nos habla de una «fe». La fenomenología que encontramos es muy variopinta: Jesús realiza milagros sin mención expresa de la fe (ej. Mc 1,14-45; 3,1-6; 6,33-44); gracias a la fe de los peticionarios que interceden a favor de otra persona (Mc 2,5; Lc 7,28-29); a pesar de una fe que se considera a sí misma escasa (Mc 9,24); o, precisamente, gracias a la fe (Mc 5,34). A los discípulos se les encarece de muchos modos que han de crecer en la fe (Mt 6,30; 8,26; 14,31; 16,8; 17,20), en la fe en Dios y en su poder (Mc 12,24) y en la comprensión del puesto singular de Jesús dentro del plan de Dios (Jn 14,1).

44. La muerte de Jesús puso a prueba esta adhesión inicial de los discípulos. Todos se dispersaron y huyeron (Mc 14,50). Las mujeres que acudieron muy de mañana al sepulcro iban con la intención de ungir el cadáver (Mc 16,1-2). Sin embargo, con la novedad de la resurrección y el don del Espíritu prometido (Jn 14,16-17. 26), la fe de los discípulos se fortalece, hasta el punto de que po-

---

[47] Francisco, Enc. *Lumen fidei* (29 de junio de 2013) 4: *AAS* 105 (2013) 557.

drán iniciar a otros y fortalecerlos en su fe (Jn 21,15-18; Lc 22,32). Con Pentecostés culmina el camino de fe de los discípulos. No solamente se adhieren plenamente a Jesús, muerto y resucitado, como el Señor y el Hijo de Dios vivo, sino que se convierten en testigos audaces, llenos de parresía, capaces de hablar de las hazañas de Dios y transmitir la fe en todas las lenguas gracias al Espíritu. Ahora serán testigos, incluso mártires, proclamando a Jesús como Mesías crucificado y resucitado, Hijo de Dios vivo, Señor de vivos y muertos. En esta figura de la fe la adhesión creyente a Jesús incluye el contenido doctrinal de la resurrección y el despliegue de su significado. Según las fuentes, este paso a la fe en la resurrección no fue fácil ni automático, en particular para aquellos que, como nosotros, no se beneficiaron de una aparición del Resucitado (Tomás: Jn 20,24-29). La perícopa de Emaús (Lc 24,13-35) aporta algunas claves valiosas para iniciar a otros en el camino de la fe.[48] Caminar al paso de quienes, aun decepcionados, manifiestan alguna inquietud. Escuchar sus preocupaciones y acogerlas. Contrastarlas pacientemente con la luz de la historia de la salvación reflejada en la Escritura, estimulando el deseo de conocer más y mejor el designio de Dios. Así se abre el paso hacia una fe que madura en las dimensiones sacramental y eclesial propias de la fe.

---

[48] Cf. Sínodo de los Obispos. XV Asamblea General Ordinaria, *Los jóvenes, la fe y el discernimiento vocacional. Documento final, passim* y esp. § 4.

45. [*Necesidad de discernir con paciencia*]. La Biblia, reflejo de la historia de la salvación, presenta multitud de situaciones en las que la fe, como realidad dinámica y vital con avances y retrocesos, se encuentra en múltiples posiciones, desde la búsqueda de un beneficio tangible, que mira exclusivamente el interés personal, hasta la generosidad extrema del amor confesante. Jesús rechazó tajantemente la hipocresía (ej. Mc 8,15), llamó a la conversión y a creer en el evangelio (Mc 1,15), pero acogió con magnanimidad a muchos que acudían a Él anhelantes de algún modo de la salvación de Dios. Por eso, se ha de apreciar el valor la fe incipiente, la fe que está en camino de maduración, la fe que en su deseo de conocer a Dios no excluye preguntas sin resolver y vacilaciones, la fe imperfecta que encuentra alguna dificultad en adherirse a la totalidad de los contenidos que la Iglesia sostiene como revelados. Es labor de todos los agentes de pastoral ayudar en el crecimiento de la fe, se encuentre en el estadio que sea, para que vaya descubriendo el rostro completo de Cristo y el registro de los elementos doctrinales que incluye la adhesión creyente al Señor muerto y resucitado. Debido a esta diversidad, no se exige la misma fe para todos los sacramentos ni en las mismas circunstancias de la vida.

b) Modulaciones de la fe

46. [*Necesidad de algunas aclaraciones*]. La reflexión clásica sobre fe y sacramentos ha puesto de relieve la articulación tanto de la irrevocabilidad del don de Cristo (*ex opere operato*), como de las disposiciones necesarias para

una recepción válida y fecunda de los sacramentos. Estas disposiciones se malentienden de raíz si se las considera como una suerte de trabas impuestas arbitrariamente para entorpecer o hacer más difícil el acceso a los sacramentos. Tampoco tienen que ver con un «elitismo», que despreciaría la fe de los sencillos. Se trata, simplemente, de poner de relieve las disposiciones interiores del creyente para recibir lo que Cristo gratuitamente nos quiere donar en los sacramentos. Es decir, lo que se manifiesta en estas disposiciones es el ajuste adecuado entre la fe y los sacramentos de la fe: ¿qué fe piden por su propia naturaleza los sacramentos de la fe? Sin perder las ganancias adquiridas a lo largo de la reflexión teológica, es conveniente exponer algunos de los diversos aspectos de la fe personal, para luego discernir en los capítulos siguientes cómo entran en juego en la celebración sacramental entendida como encuentro dialogal.

47. [*Dimensión teologal*]. La particularidad de la fe radica en que se inscribe expresamente en la relación con Dios. La teología distingue distintos aspectos dentro del único acto de fe.[49] Así se diferencia «credere Deum», creer en Dios, que se refiere al elemento cognoscitivo de la fe, a aquello que se cree (*fides quae*). Lo propio de la fe es estar dirigida hacia Dios. Por eso, la fe posee un carácter *teo*-céntrico. «Credere Deo», creer por Dios, expresa el aspecto formal, el motivo por el cual se presta el

---

[49] Ej. AGUSTÍN, *De symb.* I,181 (PL 40, 1190-1191); PEDRO LOMBARDO, *Summa Sententiarum* III. d. 23, c. 2-4 (PL 192, 805-806); TOMÁS DE AQUINO, *STh* II-II, q.2 a.2.

asentimiento. También es Dios la causa por la que se cree (*fides qua*), por lo que la fe posee un carácter *teo*-lógico. Así, Dios es el objeto creído y la razón de la fe. Sin embargo, con estos aspectos fundamentales no queda reflejado el acto de fe en su integridad. También se da el «credere in Deum», creer hacia Dios. Aquí se manifiesta más claramente el aspecto volitivo, en cuanto que, integrando los dos momentos anteriores, la fe también incluye un deseo y un movimiento hacia Dios, el inicio de un camino hacia Dios, que se consumará en el encuentro escatológico con Él en la vida eterna. Por eso, la fe contiene una dimensión *teo*-escatológica. El acto de fe en su integridad supone la conjunción de los tres aspectos. Esta se da de modo característico en el «in Deum», que incluye los otros dos.

48. [*Dimensión trinitaria*]. En la fe cristiana, creer en Dios implica creer en Jesucristo como el Hijo, gracias al Espíritu. De modo característico, el símbolo repite tres veces «in Deum», referido a cada una de las personas divinas, marcando la dimensión trinitaria. La formulación remite a la diferencia con cualquier otro acto de confianza comparable, por ejemplo, en una persona humana.[50] La relación con el Dios trinitario se distingue de la relación con aquello que ha sido producido o creado por Él. *In Deum credere* representa la figura perfecta de relación personal; incluye la esperanza y el amor[51] o,

---

[50] Pascasio Radberto, *De fide, spe et car.* I,6 n.1 (PL 120, 1402 s.).

[51] Fausto de Riez, *De spir. S.* I,1 (CSEL 21, 103).

tal y como la describe Agustín: «adherirse creyendo a Dios, a aquel que realiza lo bueno, para realizar el bien cooperando con Él».[52] Se trata de la verdadera figura de la fe, que incluye las dos dimensiones ya mencionadas: creer en Dios y creer a Dios *(credere Deum* y *credere Deo)*.[53] La fórmula «credo in Deum» no se reduce a expresar una confesión y un convencimiento, sino el proceso de la conversión y la entrega, el camino de fe del creyente. Precisamente esa dimensión personal dota al símbolo y a sus diferentes artículos de coherencia. Esto ocurre de modo especialmente intenso en las celebraciones sacramentales, propias de la economía del Espíritu,[54] en

[52] «Credendo adhaerere ad bene cooperandum bona cooperanti Deo» *(Enarr. in Ps.* 77,8; CCSL 39, 1073).

[53] AGUSTÍN, *In Iohannis ev.,* XXIX,6 (CCSL 36, 287; PL 35, 1684): «Ut credatis in eum, non ut credatis ei. Sed si creditis in eum, creditis ei, non autem continuo, qui credit ei credit in eum…». Así también Tomás de Aquino, *STh* II-II, q.2 a.2.

[54] «El día de Pentecostés, por la efusión del Espíritu Santo, la Iglesia se manifiesta al mundo (cf. SC 6; LG 2). El don del Espíritu inaugura un tiempo nuevo en la "dispensación del Misterio": el tiempo de la Iglesia, durante el cual Cristo manifiesta, hace presente y comunica su obra de salvación mediante la Liturgia de su Iglesia, "hasta que él venga" (1Cor 11,26). Durante este tiempo de la Iglesia, Cristo vive y actúa en su Iglesia y con ella ya de una manera nueva, la propia de este tiempo nuevo. Actúa por los sacramentos; esto es lo que la Tradición común de Oriente y Occidente llama "la Economía sacramental"; esta consiste en la comunicación (o "dispensación") de los frutos del Misterio pascual de Cristo en la celebración de la liturgia "sacramental" de la Iglesia» *(Catecismo de la Iglesia Católica,* § 1076).

las que se percibe que la fe es siempre eclesial:[55] «En la celebración de los sacramentos, la Iglesia transmite su memoria, en particular mediante la profesión de fe. Ésta no consiste sólo en asentir a un conjunto de verdades abstractas. Antes bien, en la confesión de fe, toda la vida se pone en camino hacia la comunión plena con el Dios vivo. Podemos decir que en el Credo el creyente es invitado a entrar en el misterio que profesa y a dejarse transformar por lo que profesa».[56]

49. En la fe trinitaria está implicada una relación personal del creyente con cada una de las personas de la santa Trinidad. Por la fe, el Espíritu nos conduce al conocimiento de la verdad completa (Jn 16,12-13). Nadie puede confesar a Jesús como el Señor, sino en el Espíritu (1Cor 12,3). Así, el Espíritu inhabita en el creyente y le faculta para caminar en el Espíritu hacia Dios, para testimoniar su fe, para desplegar la caridad cristiana, vivir en esperanza, para llegar a alcanzar la madurez de la plenitud creyente, a la medida de Cristo (cf. Ef 4,13). Por lo tanto, el Espíritu actúa en el creyente tanto en el acto subjetivo mismo de creer, como en los contenidos creídos y, por supuesto, en el dinamismo vital que imprime en el creyente. Este dinamismo implica una apropiación más profunda de las bienaventuranzas, retrato del corazón de

---

[55] TOMÁS DE AQUINO, *STh* II-II, q.1 a.9 ad 3: «confessio fidei traditur in symbolo quasi ex persona totius Ecclesiae, quae per fidem unitur».
[56] FRANCISCO, Enc. *Lumen fidei* (29 de junio de 2013) 45: *AAS* 105 (2013) 585.

Cristo y, por lo tanto, del discípulo.[57] Con sus dones, el Espíritu robustece al creyente individual[58] y a la Iglesia. Por la fe confesamos a Jesucristo como el Señor, el Hijo de Dios vivo, nos hacemos discípulos suyos, caminando hacia la conformación con Él (cf. Rm 8,29). Por la fe, y gracias a la mediación del Hijo y del Espíritu, conocemos el designio de Dios Padre, entramos en relación con Él, le alabamos, bendecimos y obedecemos como hijos queridos. Nos ponemos en camino para cumplir su voluntad sobre nosotros, la historia y la creación.

50. [*La Reforma y su influjo*]. La Reforma ha ejercido un influjo difícilmente sobrestimable en la supremacía del acto de fe individual sobre la confesión de fe eclesial. Como características singulares descuellan la concentración de la fe en la propia justificación, la cualificación del acto de fe como una apropiación de la gracia y la identificación de la certeza de la fe con la certeza de la salvación. Esta subjetivización tendencial de la verdad ha influido también en parte de la teología de la fe del catolicismo reciente, cuando esta, bajo el paraguas del personalismo, ha cobrado una orientación subjetivista unilateral. Por este motivo, en estos planteamientos la fe se describe menos como confesión que como relación personal de confianza (fe en alguien) y, por lo menos tendencialmente, se contrapone a la fe doctrinal (fe en algo).

---

[57] Cf. FRANCISCO, Ex. apost. *Gaudete et exsultate* (19 de marzo de 2018) 65-94.

[58] Cf. *Catecismo de la Iglesia Católica*, §§ 1830-1832.

51. [*Fides qua; fides quae*]. Si la interlocución de Dios al hombre comporta una índole sacramental, que atraviesa toda la revelación, entonces la respuesta, mediante la fe, también habrá de revestir una lógica sacramental, impulsada y posibilitada por el Espíritu. No cabe, pues, una comprensión solamente subjetiva de la fe *(fides qua)*, que no esté ligada a la verdad auténtica de Dios *(fides quae)*, transmitida en la revelación y conservada en la Iglesia. Se da pues, «una unidad profunda entre el acto con el que se cree y los contenidos a los que prestamos nuestro asentimiento. El apóstol Pablo nos ayuda a entrar dentro de esta realidad cuando escribe: "con el corazón se cree y con los labios se profesa" (cf. Rm 10,10)».[59] Son los signos sacramentales de la presencia de Dios en el mundo y la historia los que suscitan, expresan y conservan la fe. En la concepción cristiana no cabe pensar una fe sin expresión sacramental (frente a la privatización subjetivista), ni una práctica sacramental en ausencia de fe eclesial (contra el ritualismo). Donde la fe excluye la identificación con la confesión y la vida de la Iglesia, esta fe ya no es una integración en Cristo. La fe privatizada y desencarnada de los gnósticos recorre toda la historia del cristianismo como una tentación.[60] Pero también se da a menudo la tendencia opuesta, a saber: una fe exterior, que se adhiere verbalmente a la confesión de fe sin

---

[59] BENEDICTO XVI, Carta apostólica en forma de motu proprio, *Porta fidei* (11 de octubre de 2011) 10: *AAS* 103 (2011) 728.

[60] Cf. últimamente: FRANCISCO, Ex. apost. *Gaudete et exsultate* (19 de marzo de 2018), 43; CONGREGACIÓN PARA LA DOCTRINA DE LA FE, carta *Placuit Deo* (22 de febrero de 2018), § 12.

apropiársela con la comprensión personal ni la oración. Privatización subjetivista y ritualismo marcan los dos peligros que la fe cristiana ha de sortear a toda costa.[61]

52. [*Igualdad fundamental de todos los creyentes en la fe*]. La fe personal de cada creyente puede tener diversos grados tanto con respecto a la intensidad de la relación con el Dios trinitario, como con respeto al grado de explicitación de sus contenidos. Siendo la fe una relación de índole personal, le pertenece intrínsecamente a su propia dinámica la capacidad de crecer en ambas dimensiones: en el conocimiento y la apropiación de las verdades de la fe y su consistencia interna, de un lado, y en la confianza y la determinación de orientar toda la existencia desde la íntima relación con Dios, de otro lado.[62]

53. En la historia de la teología se ha planteado la cuestión del mínimo indispensable, con respecto al conocimiento reflejo del contenido de la fe, así como del papel de la llamada «fe implícita». Los teólogos escolásticos mostraron un gran aprecio de la fe de los sencillos (*simplices, minores*). Según Tomás de Aquino, no se ha de exigir a todos el mismo grado de explicitud, en cuanto al saber reflejo de los contenidos de la fe.[63] La diferencia

---

[61] Cf. Francisco, Ex. apost. *Gaudete et exsultate* (19 de marzo de 2018), 48-49; Congregación para la Doctrina de la Fe, Carta *Placuit Deo* (22 de febrero de 2018), §§ 2-3.

[62] Cf. Hugo de San Víctor, *Sacr.* I pars 10 (PL 176, 327-344), cap. 3 y 4: *De incremento fidei.*

[63] Tomás de Aquino, *Ver.* 14 a.11 resp.; *STh* II-II, q.2 a.6.7.8.

entre fe «implícita» y fe «explícita» se refiere a determinados contenidos de la fe que o bien están incluidos en la misma fe y, en ese sentido, se asiente a los mismos en el acto de creer –implícitos–; o bien se creen fehaciente y conscientemente (*actu cogitatum credere*) –explícitos–. No es menester que los creyentes sencillos sepan dar cuenta intelectualmente de modo detallado de los desarrollos trinitarios o soteriológicos. La fe implícita incluye de por sí la predisposición fundamental para identificarse con la fe de la Iglesia y unirse a ella.[64]

54. [*El credo: contenido mínimo de la fe*]. Según Tomás todos los bautizados están obligados a creer de modo explícito los artículos del credo.[65] Por tanto, no basta con creer en una voluntad salvífica general de Dios, sino en la encarnación, la pasión y la resurrección de Cristo, lo cual solamente es posible mediante la fe en el Dios trinitario. Esta es la fe «en la que todos alcanzan la nueva vida», en la que todo cristiano es bautizado.[66] En la época de los Padres, la regla de fe jugaba un papel similar: funcionaba para todos los creyentes como el compendio del conte-

---

[64] TOMÁS DE AQUINO, *Ver.* 14 a.11 ad 7.

[65] TOMÁS DE AQUINO, *Ver.* 14 a.11 resp.: «tempore vero gratiae omnes, maiores et minores, de Trinitate et de redemptore teneretur explicitam fidem habere. Non tamen omnia credibilia circa Trinitatem vel redemptorem minores explicite credere tenentur, sed soli maiores. Minores autem tenentur explicite credere generales articulos, ut Deum esse trinum et unum, filium Dei esse incarnatum, mortuum, et resurrexisse, et alia huiusmodi, de quibus Ecclesia festa facit».

[66] TOMÁS DE AQUINO, *STh* II-II, q.5 a.3. *STh* II-II, q.2 a.7; a.8.

nido fundamental, así como la pauta de verificación de los elementos vinculantes de la fe.[67] Tomás argumenta que estos conocimientos de la fe no presuponen otros conocimientos previos, sino que son accesibles a gente sencilla; además, debido a las festividades del año litúrgico su contenido les resulta presente a todos. La obligación de una fe explícita en el símbolo para todos los miembros de la Iglesia significa, correlativamente, el reconocimiento de la igual dignidad de todos los cristianos.

55. [*Notas de la carencia de fe*]. Lo opuesto a la fe no es la escasez de conocimientos, sino el rechazo obstinado de algunas verdades de fe[68] y la indiferencia. En esta línea, Hugo de San Víctor distingue claramente dos grupos. Se dan creyentes con poca penetración intelectual en la fe y que tampoco se caracterizan por una relación personal profunda con Dios, que, sin embargo, se aferran a la pertenencia a la comunidad eclesial y ponen en práctica la fe en su vida.[69] Otros, sin embargo, solamente son creyentes «de nombre y por costumbre». Estos «reciben los sacramentos junto con los otros creyentes, pero sin pensamiento alguno respecto de los bienes del

---

[67] Cf. p. ej. IRENEO, *Adv. haer.* I,10,1 (SCh 264, 154-158); III,12,13; III,*pr.* ss.; III,5,3 (SCh 211, 236-238; 20-22; 60-62); CLEMENTE ALEJANDRINO, *Strom.* IV,1,3 (GCS 15, 249); TERTULIANO, *Praesc.* 13; 36 (CCSL 1, 197-198; 217); *Prax.* 2; 30 (CCSL 2, 1160; 1204); *Virg.* 1 (CCSL 2, 1209); ORÍGENES, *De Princ.*, I, *praef.*,4 (GCS 22, 9-11; FuP 27,120-124); NOVACIANO, *Trin.* 1,1; 9,46 (CCSL 4, 11; 25).

[68] TOMÁS DE AQUINO, *STh* II-II, q.5 a.3.

[69] *Sacr.* I pars 10 cap. 3.

mundo venidero».[70] Aquí se menciona un elemento crucial de la fe cristiana: si «se esperan los bienes futuros» (cf. Heb 11,1), y si esta esperanza creyente es lo suficientemente fuerte como para orientar la acción humana.

## c) Reciprocidad entre fe y sacramentos

56. [*Concepto de sacramento*]. El Dios trino, que crea para transmitir sus dones y que ha creado al hombre para llamarlo a la comunión con Él, entra en relación con los hombres de modo mediado, a través de la creación y de la historia, mediante signos, como hemos visto. Dentro de estos signos, los sacramentos cristianos ocupan un lugar destacadísimo, pues son aquellos signos a los que Dios ha ligado la transmisión de su gracia de un modo cierto y objetivo. En efecto, los sacramentos de la nueva Ley son signos eficaces que transmiten la gracia.[71] Como ya hemos dicho, esto no significa que los sacramentos sean los únicos medios por los que Dios transmite su gracia;[72] sí que ostentan un puesto privilegiado, marcado por la certeza y la eclesialidad. La devoción y la piedad personal se puede desplegar a través de diferentes prácticas: como las diferentes formas de oración ligadas a la Sagrada Escritura, como son la *lectio* o la contemplación de los misterios de la vida de Cristo; la contemplación de

---

[70] *Sacr.* I pars 10 cap. 4.
[71] Cf. *Catecismo de la Iglesia Católica,* § 1084.
[72] Tomás de Aquino, *STh* III, q.64 a.7.

las obras de Dios en la creación y la historia; los diversos sacramentales (cf. § 40), etc.

57. [*Fe y sacramentos en definición de sacramento del Vaticano II*]. A lo largo de la historia se han sucedido diferentes definiciones de lo que es un sacramento. El concilio Vaticano II lo caracteriza así: «Los sacramentos están ordenados a la santificación de los hombres, a la edificación del Cuerpo de Cristo y, en definitiva, a dar culto a Dios; pero, en cuanto signos, también tienen un fin pedagógico. No sólo suponen la fe, sino que, a la vez, la alimentan, la robustecen y la expresan por medio de palabras y de cosas; por esto se llaman sacramentos de la "fe". Confieren ciertamente la gracia, pero también su celebración prepara perfectamente a los fieles para recibir fructuosamente la misma gracia, rendir el culto a Dios y practicar la caridad».[73]

Este denso texto recalca diversos aspectos fundamentales acerca de la reciprocidad esencial entre fe y sacramentos, que recorremos sumariamente. Primero, los sacramentos poseen un fin *pedagógico* para nuestra fe: ilustran el modo de acontecer la historia salvífica: «sacramental». Jesucristo los instituyó para enseñarnos que Él se comunica y nos transmite su salvación de un modo sensible y visible, o sea, adaptado a la condición humana[74] (cf. esp. §§ 20, 26). Segundo, los sacramentos *supo-*

---

[73] Concilio Ecuménico Vaticano II, Const. *Sacrosanctum Concilium*, 59.

[74] Cf. Tomás de Aquino, *STh* III, q.61 a.1.

*nen* la fe en un doble sentido: como «acceso» al misterio sacramental: si falta la fe, el sacramento aparece solo como un símbolo externo o un rito vacío, con el riesgo de que se deslice hacia un gesto de tipo mágico; y como condición necesaria para que el sacramento produzca subjetivamente los dones que objetivamente contiene. Tercero, los sacramentos *manifiestan* la fe del sujeto y de la Iglesia. La celebración de los sacramentos es una profesión de fe vivida. Los sacramentos son signos con los cuales se profesa la fe desde la cual el hombre es justificado. La palabra sacramental requiere la respuesta de la fe del creyente que, a causa de ella, aprende y reconoce el misterio que se realiza en el sacramento. Cuarto, los sacramentos *alimentan* la fe en dos niveles fundamentales: comunican el don de la gracia divina, que realiza o fortalece la vida cristiana del creyente; y son celebraciones en las que se significa de modo eficaz el misterio de la salvación, educando a la fe y alimentándola de forma continua. Los sacramentos son, por lo tanto, signos de fe en todos los aspectos del dinamismo de su realización: antes, durante y después de la celebración. En consecuencia, como el sacramento presupone la fe, es obvio que el receptor de los sacramentos es miembro de la Iglesia. No podemos olvidar que a través de la fe y los sacramentos de la fe entramos en diálogo, en contacto vital con el Redentor, que está sentado a la diestra del Padre. El Cristo glorioso no nos alcanza solo internamente, sino en la concreción de nuestro ser histórico, elevando las situaciones fundamentales de nuestra existencia a situaciones sacramentales de salvación.

58. [*Conexión fe y sacramentos*]. La fe no queda garantizada para siempre en el momento de la conversión. Ha de cultivarse mediante la práctica de la caridad, la oración, la escucha de la Palabra, la vida comunitaria, la instrucción, también, y en un puesto preeminente, mediante la práctica asidua de los sacramentos. En el ámbito de las relaciones, lo que no se explicita y expresa corre el peligro de diluirse e incluso de desaparecer. A Cristo, que es el don de Dios por antonomasia, no se lo puede acoger *solamente* de modo invisible o privado. Por el contrario, quien lo recibe queda capacitado y llamado a encarnarlo en su vida, palabra, pensamiento y acción. Así, contribuye a la transformación de la sacramentalidad original del Salvador en la sacramentalidad fundamental de la Iglesia. En verdad, las siete realizaciones fundamentales de la Iglesia (los sacramentos) realizan lo que ellas significan. Sin embargo, para que su recepción sea fructífera se requiere la disposición de cada destinatario a profundizar, vivir y testimoniar lo que ha recibido.

59. La intrínseca conexión entre fe y sacramentos se pone de manifiesto si consideramos otros aspectos esenciales. Entre ellos sobresalen:

a) La celebración sacramental: en la que una determinada acción o una realidad material, que ya poseen un significado de por sí, se ponen en relación con la historia de la salvación y quedan determinadas por el acontecimiento Cristo. Mediante la Palabra el signo se convierte en presencia, memoria y promesa de la plenitud de la salvación.[75] Así, por ejemplo, el agua en cuanto tal posee la propiedad de limpiar. Sin embargo, solamente unida a la invocación de la Trinidad produce el efecto regenerador de eliminar los pecados.

b) La terminología: «sacramentum (sacramento)» se emplea como traducción del griego «mystérion (μυστήριον)». Los misterios que se celebran en la Iglesia se enraízan en *el misterio* en cuanto tal, «escondido desde el principio de los siglos en Dios» (Ef 3,9) y ahora dado a conocer: *Cristo*. El cual, mediante su encarnación, pasión y resurrección quiere «atraer a todos hacia sí» (cf. Jn 12,32), «reconciliarlos con Dios» (cf. 2Cor 5,19-21). Según la carta a los efesios (3,3-21 y 5,21-33; cf. Col 1,25-27; 2,2-9), la Iglesia está incluida en el misterio de Cristo; como «cuerpo» y «novia» pertenece al «misterio escondido», al designio salvífico de Dios.[76] El concepto neotestamentario de «mystérion» designa la realidad de Dios, que se comunica a los hombres en Jesucristo. En la medida en que se trata de una realidad inagotable, permanece oculta incluso en el acontecimiento mismo de la revelación, porque desborda toda comprensión y conceptualización. Aunque la traducción latina «sacramentum» subraya más la revelación que el ocultamiento, también en el concepto latino se conserva la dimensión de referencia hacia lo inaprehensible. De esto se des-

[75] «Accedit verbum ad elementum et fit sacramentum, etiam ipsum tamquam visibile verbum» (AGUSTÍN, *In Johannis ev.*, LXXX,3; CCSL 36, 529; PL 35, 1840).

[76] Cf. AGUSTÍN, *Epist.* 187,34 (PL 33, 846).

prende que quien celebre la liturgia de la Iglesia o reciba un sacramento está llamado a trascender, a través de su fe personalmente creída, el contenido creído hacia el misterio siempre mayor.

c) Hay un segundo aspecto también relativo a la terminología muy revelador. Originalmente *sacramentum* significa un «juramento sagrado» que, en contraste con «ius iurandum», produce un vínculo sagrado. Esta es la acepción que Tertuliano tiene en mente, cuando denomina al bautismo como «sacramento»[77] y lo compara con el compromiso contraído por el militar en la jura de bandera. No es posible determinarse a algo sin saber cuál es su contenido.

60. [*Necesidad de catequesis*]. A partir de lo ya dicho, partimos de una doble base. Primero, no cabe una celebración sacramental sin fe. Segundo, la fe personal es una participación en la fe eclesial, una respuesta al acontecimiento sacramental de la revelación testimoniado y propuesto por la Iglesia, gracias al Espíritu. Por consiguiente, como la recepción de un sacramento es un acto simultáneamente de naturaleza estrictamente personal y de índole manifiestamente eclesial, una catequesis adecuada debe preceder a la celebración del sacramento. En dicha catequesis, el misterio pascual ha de ocupar un puesto preponderante debido a su centralidad en la fe cristiana. En el caso del bautismo, la catequesis forma parte de la misma incorporación a la Iglesia, tal y como

---

[77] TERTULIANO, *Ad mart.* 3 (CCSL 1,5).

se percibe en el desarrollo del catecumenado en la Iglesia antigua. Desde otra perspectiva, la forma primitiva del bautismo incluía una confesión de fe, en forma de diálogo, tal y como testimonia la *Traditio apostolica*.[78] La confesión de la fe y la naturaleza dialógica divino-humana de la recepción de los sacramentos deben continuar a través de la catequesis mistagógica, que tiene lugar en cada recepción de los sacramentos. En cierto modo, la catequesis mistagógica supone adentrarse en la presencialización escatológica que sucede con los sacramentos, progresando de modo continuo en un conocimiento por participación en los misterios celebrados.

61. [*Manifestación de la fe*]. Los sacramentos forman parte de la economía sacramental en la que introducen al creyente. Esta economía implica la existencia de aspectos visibles como expresión de la gracia invisible. Aunque la fe en el Dios revelado en Cristo es un don de gracia, el receptor no es un mero objeto de este don. Por eso, Tomás de Aquino aclara que la fe es una «virtus infusa vel supranaturalis». En cuanto «virtud», la fe es una capacitación para actuar posibilitada por la gracia que, como toda facultad, puede perfeccionarse. En otras palabras, cuanto más profunda es la relación de un creyente con Cristo, más intensa es la sacramentalidad de esta fe, su oración, su confesión, su identificación con la Iglesia y su amor.

---

[78] *Traditio apostolica,* 16 (entrada en el catecumenado), 17-20 (transcurso del catecumenado), 21 (celebración bautismal; SCh 11, 43-51).

En consecuencia, por ser la fe una virtud, ha de manifestarse externamente, de modo visible, en un estilo de vida correspondiente con el doble mandamiento del amor a Dios y al prójimo, y con una relación con la Iglesia orante.

62. Puede darse una fe genérica, como asentimiento a la revelación divina, sin que esta incluya en sí la esperanza en Dios y el amor a Dios que de suyo le son inherentes. La distinción escolástica entre «fides informis» y «fides (caritate) formata» refleja la problemática propia de una fe, que aún no ha alcanzado ese grado de madurez que le es esencial. Según la carta a los hebreos, la fe es necesaria para la salvación: «sin fe es imposible complacerle [sc. a Dios]» (Heb 11,6); convicción asentada en la comprensión de la fe en la Edad Media.[79] Mientras que un mero tener por verdadero (*fides informis*) no fundamenta una comunión con Cristo, la fe amorosa (*fides caritate formata*) produce el enraizamiento en la participación de la realidad salvífica y bienaventurada de Dios. En otras palabras, se puede dar una forma de fe que no esté internamente moldeada por una relación personal con Cristo. En ese sentido se la considera *informis*: no está informada en su configuración por el amor a Cristo, como respuesta a su amor primero. También se da un tipo de fe que sí que está moldeada por la relación personal y amorosa con Cristo. Por eso se la denomina *caritate forma-*

---

[79] «Fidei obiectum per se est id per quod homo beatus efficitur» (*STh* II-II, q.2 a.5; cf. *STh* II-II, q.1 a.6 ad 1).

*ta:* configurada por la caridad que le es de suyo inherente a la verdad de la relación que la fe quiere expresar.

63. Siguiendo esta distinción, cabe establecer que la fe amorosa es efectivamente el comienzo de la vida eterna.[80] El acto personal de creer (*actus credendi*) y la virtud de la fe (*virtus fidei*) son los que producen, ellos solos, que el acontecimiento salvífico sea efectivo en el creyente. Ahora bien, el acto de fe no es posible sin la afirmación de aquella realidad que lo posibilita. Siendo esto así, no obstante, no se presupone para la recepción de todo sacramento una fe formada por la caridad, tal y como se pone particularmente de relieve en el sacramento de la penitencia. Según el parecer de Tomás de Aquino, ni el bautismo ni el matrimonio requieren en la misma medida la fe impregnada de amor que la eucaristía. La recepción fructuosa de la comunión no solo presupone la fe en la presencia real de Cristo en las especies sacramentales, sino también la voluntad de mantener el vínculo de unión con Cristo y con sus miembros (cf. § 120).

64. Debido a que el amor sobrenatural (*caritas*) es un efecto inmediato de la gracia, no se puede constatar la presencia de una «fides caritate formata» sobre la base de criterios humanos. En consecuencia, nadie puede saber con certeza respecto de otra persona, tampoco sobre sí mismo, si su fe posee esta cualidad. Solo se puede

---

[80] «Inchoatio vitae aeternae in nobis» (*STh* II-II, q.4 a.1).

inferir esto a partir de indicios o efectos.[81] Por lo tanto, de ninguna manera se puede pretender realizar un juicio acerca de cómo una persona se presenta ante Dios o querer constatar o negar la creencia como un don sobrenatural de la gracia en otra persona. Sin embargo, dado que la recepción de un sacramento es un acto público eclesial, el lado externo y visible resulta decisivo: esto es, la intención expresada, la confesión de la fe, la fidelidad a la promesa bautismal en la vida.

d) Índole dialógica de los sacramentos

65. [*Fe, validez y fecundidad*]. El concilio de Trento (DH 1608) ha empleado la locución «ex opere operato» para expresar lo siguiente: cuando un sacramento cualquiera se celebra de modo adecuado, en el nombre de la Iglesia y conforme con el sentido que la Iglesia le otorga, en ese caso siempre transmite lo que significa. Esta clarificación no implica preterir la participación de quien dispensa y recibe el sacramento. Al contrario: quien dispensa un sacramento ha de tener la intención de hacer lo que hace la Iglesia (DH 1611: *faciendi quod facit ecclesia*). Por parte del receptor hay que distinguir entre recepción fructuosa (fecunda) e infructuosa (infecunda). El término «opus operatum» no está dirigido en contra de la participación de quien administra el sacramento ni de quien

---

[81] Cf. BUENAVENTURA, III *Sent.* dist 23 dub.4 (III 504ab); II *Sent.* dist.38 dub.1 (II 894b); TOMÁS DE AQUINO, *STh* I-II, q.112 a.5; *Ver* 10 a.10 ad 1.2.8.

lo recibe. Pone de relieve que ni la fe de quien dispensa ni de quien recibe el sacramento produce la salvación, sino solo la gracia sacramentalmente mediada del Redentor. No se trata, pues, que debido a que quien dispensa el sacramento y quien lo recibe creen en aquello que realizan en el sacramento, entonces, por esa misma razón, Cristo actúa a través del sacramento. Sino de lo siguiente: siempre que un sacramento se celebra de modo adecuado, según el sentido que le da la Iglesia, Cristo vincula su actuación a la de la Iglesia.

66. En este sentido, frente a la teología de los reformadores, el concilio de Trento afirmará con claridad la eficacia de los sacramentos.[82] Sin embargo, una práctica eclesial que solamente atienda a la validez daña el organismo sacramental de la Iglesia, pues lo reduce a uno de sus aspectos esenciales. Con la validez se transmite lo que la terminología técnica ha llamado «res et sacramentum», como parte constitutiva de la acción sacramental de la gracia. Por ejemplo, en el caso del bautismo sería el «carácter». Sin embargo, los sacramentos apuntan y obtienen su sentido pleno en la transmisión de la «res», de la gracia propia del sacramento. En el caso del bautismo la gracia de la vida nueva en Cristo, que incluye el perdón de los pecados.

[82] «Si quis dixerit, sacramenta… aut gratiam ipsam non ponentibus obicem non conferre… anathema sit» (CONCILIO ECUMÉNICO DE TRENTO, Sesión séptima. *Decreto sobre los sacramentos,* can. 6 [DH 1606]).

67. [*Fe adecuada para los sacramentos e intención*]. La lógica sacramental incluye, como constitutivo esencial, la respuesta libre, la acogida del don de Dios, en una palabra: la fe, por muy incipiente que pueda ser, especialmente en el caso del bautismo. La teología más reciente ha tomado como referencia para iluminar la transmisión de la gracia que acontece en los sacramentos el mundo de la significación, propio de los símbolos y los signos. Este campo se sitúa en un orden muy próximo al lenguaje humano y de las relaciones interpersonales. Dado que los sacramentos se ubican en el ámbito dialógico y relacional del creyente con Cristo, esta aproximación comporta sus ventajas. No se capta la significación de los símbolos o los signos si no se participa del mundo que el símbolo en su significación crea. De modo semejante, no es posible recibir los efectos de la gracia sacramental (fructuosidad o fecundidad), vehiculada por los signos sacramentales, sin entrar dentro del mundo que estos signos sacramentales expresan. La fe es la llave que abre la entrada en ese mundo que hace que las realidades sacramentales se conviertan verdaderamente en signos que significan y causan de modo eficaz la gracia divina.

68. La recepción de los sacramentos puede ser válida o inválida, fructuosa o infructuosa. Para una disposición adecuada no basta con no contradecir ni exterior ni interiormente lo que el sacramento significa. En este sentido, una recepción válida no implica automáticamente una recepción fructífera del sacramento. Para una recepción fructífera se requiere una intención positiva. En

otras palabras, el destinatario debe creer tanto en el contenido (*fides quae*) como existencialmente (*fides qua*) aquello que Cristo le dona sacramentalmente por mediación de la Iglesia. Se da una diversidad de grados en cuanto a la conformidad con la doctrina. Lo decisivo aquí es que el receptor no rechace en nada la enseñanza de la Iglesia. También hay grados en cuanto a la intensidad de la fe. Lo decisivo aquí es la disposición positiva para recibir lo que el sacramento significa. Cada recepción fructífera de un sacramento es un acto comunicativo y, por lo tanto, forma parte del diálogo entre Cristo y el creyente individual.

69. Si bien es cierto que la doctrina acerca de la intención surgió al hilo de las reflexiones en torno a los requisitos indispensables por parte de los ministros que dispensan los sacramentos, la intención se sitúa en un punto crucial. Por una parte, salva completamente la eficacia «ex opere operato», es decir: la eficacia de las acciones sacramentales se debe, por entero y en exclusiva, a Cristo y no a la fe ni del receptor ni del ministro del sacramento. Pero también deja en pie la índole dialogal del acontecimiento sacramental, por lo que no se cae ni en la magia ni en el automatismo sacramental. La intención expresa el mínimo indispensable de participación personal voluntaria en el acontecimiento gratuito de la transmisión sacramental de la gracia salvífica.

70. Los símbolos sacramentales y las acciones simbólicas, realizadas a través del agua, el aceite, el pan, el vino y otros factores visibles y externos, invitan a cada

creyente a abrir el «ojo interior de la fe»[83] y ver los efectos salvíficos de cada sacramento. Estas acciones simbólicas, realizadas con estos elementos materiales, están, en realidad, en función de realizar una acción de Cristo, el Salvador. Lo que acontece en la administración de los sacramentos se enraíza en lo que acontecía en las acciones de Cristo, el Salvador, en su vida terrena, como por ejemplo en las curaciones. Muchos creyeron en Cristo (*Ur-Sakrament*) y así alcanzaron la santificación, como: la samaritana junto al pozo de Jacob (Jn 4,28-29. 39); Zaqueo, cuando recibió a Jesús en su casa (Lc 19,8-10); la mujer sirofenicia, que obtuvo la curación para su hija por una fe inquebrantable (Mc 7,24-30), y así sucesivamente. Esas acciones simbólicas de Jesús, «sacramentales», realizadas con elementos materiales, estaban en función de la intensificación de la fe en los beneficiarios y la santificación, gracias a la fe-visión interna. La fe fortalecida debe traducirse en una confesión creyente a través del testimonio cristiano de vida en el mundo.

71. [*Índole dialógica*]. La celebración litúrgica de los sacramentos no sólo describe la acción salvífica catabática (descendente) de Dios, sino también, inseparable de la anterior, el movimiento anabático (ascendente) del receptor, comenzando por la respuesta «amén» hasta gestos, como la extensión de las manos en la recepción de la comunión. Todos los sacramentos son acciones *comuni-*

---

[83] EFRÉN, *Hymni de fide*, 53,12; 5,18 (CSCO 154, 167,23; 155, 143,17).

*cativas,* inscritas dentro de la economía de la salvación: del despliegue histórico del deseo de Dios de entrar en relación personal con los hombres. Así, en los sacramentos, se refleja la índole de *alianza* que marca y acompaña toda la historia de la salvación. Allí donde la índole dialógica del sacramento mengua, surgen malentendidos de tipo mágico (ritualismo) y centrado en la salvación individual (privatización subjetivista).

e) El organismo sacramental

72. [*El organismo sacramental*]. El organismo sacramental de la Iglesia,[84] conformado a través de una evolución de siglos, atiende a las circunstancias clave de la vida de la persona individual y de la comunidad para fortalecer al cristiano en su fe, insertarlo más vivamente en el misterio de Cristo y de la Iglesia, acompañándole y robusteciéndole a lo largo de todo el camino de su vida de fe. No sólo recoge momentos densos del despliegue del misterio de Cristo en su vida terrena, sino que, al actualizarlos sacramentalmente, hace que esa obra se continúe. De este modo, la sacramentalidad original de Cristo, a través de las celebraciones sacramentales de la Iglesia, alcanza al creyente individual y lo convierte en sacramento vivo de Cristo. Gracias al agua, el pan, el vino, el aceite y las palabras sacramentales, que contienen un significado de referencia directa a Cristo y lo realizan, el creyente se inserta de pleno

[84] Cf. *Catecismo de la Iglesia Católica,* § 1076.

en esta realidad y queda configurado por ella siempre que acoja estos signos con las disposiciones debidas.

73. [*Sacramentos de la iniciación*]. Los sacramentos de la iniciación, situados al comienzo del camino, insertan al creyente plenamente en Cristo y en la comunidad eclesial, facultándole para que, con la gracia, él mismo sea de algún modo sacramento de Cristo con su vida. Así, el bautismo constituye la puerta de entrada. Ser sepultado en las aguas y salir de ellas expresa la participación en la muerte y resurrección de Cristo, ingresando en su Cuerpo y conformándose con Él, convirtiéndose en miembro vivo y activo de la Iglesia de Cristo (cf. *infra* cap. 3.1.). La confirmación, con la recepción del crisma, implica un paso más en la misma dirección. La unción con el crisma, en paralelo con la unción de Cristo, faculta al cristiano por el don del Espíritu a testificar la fe asumiendo esta responsabilidad en la comunidad cristiana con una fe más misionera y más eclesial (cf. *infra* cap. 3.2.). Con la eucaristía, el sacramento del Cuerpo de Cristo, se expresa la inserción, la comunión y la participación plena en el Cuerpo de Cristo en todos los sentidos: cristológico, sacramental y eclesial (cf. *infra* cap. 3.3). Al fin de la iniciación el cristiano ya es miembro de Cristo, y de su Iglesia, habiendo recibido todos los medios ordinarios de cristificación, que le permiten una vida cristiana y un testimonio veraz.

74. [*Sacramentos de curación*]. Quienes reciben los sacramentos de la iniciación no se comportan luego siem-

pre con plena fidelidad e integridad respecto a lo que en ellos se significa. Por eso, también existen sacramentos llamados de curación, que tienen presente nuestra fragilidad y pecado. Con la penitencia, al recibir la acogida del ministro, que representa a Cristo y a la Iglesia, y pronuncia en nombre de Cristo y de la Iglesia las palabras de la absolución, no solamente sucede la reconciliación con Dios, después de haberle negado con la propia vida, sino también con el cuerpo eclesial que proclama la bondad de Dios en Jesucristo como comunidad de perdonados. Así, gracias a la penitencia, el cristiano endereza de nuevo su caminar en la fe. Dado que la eucaristía es el sacramento del Cuerpo de Cristo por antonomasia, carece de sentido la plena participación en la misma de los que, habiendo dañado gravemente lo que significa la inserción en este Cuerpo, no han recibido el don del perdón que reconcilia con Dios y reintegra con alegría en la pertenencia comunitaria.

75. La unción se celebra en una situación de fragilidad, como es la enfermedad. El crisma de Cristo, ungüento curativo y fragancia, expresa la fuerza del Señor para salvar a la persona entera y llevarla a su gloria, incluso a pesar de que hubiera habido fallos graves (pecados) de incoherencia con la vida de fe, incluyendo de modo expreso el perdón (cf. Sant 5,14-15). Así, se testifica que incluso la enfermedad puede ser ocasión de manifestación de la gloria de Dios (Jn 11,4); y que, en la enfermedad, en la vida y en la muerte somos del Señor (Rm 14,8-9) al compartir con él su pasión y sus sufrimientos en el

camino hacia la gloria. De este modo, tanto el pecado como la enfermedad se convierten en ocasión de crecer en unión con el Señor y de testimoniar que su misericordia es más fuerte que nuestra fragilidad.

76. [*Sacramentos al servicio de la comunión*]. Otros sacramentos miran más directamente hacia el servicio de la comunión. La comunidad requiere una estructura y un gobierno que refleje su realidad sacramental. Por eso, los ministros ordenados *ad sacerdotium* representan a Cristo Cabeza, se configuran de modo expreso con Él mediante el ejercicio de la caridad pastoral. Así, Cristo continúa presente en su Iglesia no solamente como el don que la ha engendrado, sino también, sacramentalmente, como aquel que continuamente se dona a la misma, engendrándola incesantemente de nuevo. Además, desde otra perspectiva y como miembros de la Iglesia, los ministros ordenados también representan a la Iglesia, especialmente en su oración litúrgica, alabando a Dios e impetrando su gracia en nombre de todos. Así, Cristo Pastor y Cabeza continúa edificando su Cuerpo en la historia. Toda la Iglesia reconoce en el ministerio ordenado, una y otra vez, cómo se debe al don del Señor, en su Palabra y en sus sacramentos, mientras que los ministros ordenados han de conformar su vida con Cristo para ser pastores según su corazón.

77. Aquellos que han renacido del agua y del Espíritu, ejercen su sacerdocio común (cf. LG 10), inseparable de la vida de fe, también en el amor que se profesan como cónyuges. El amor que se profesan públicamente

los cónyuges es un vínculo sagrado, con el que hacen históricamente visible y presente en el mundo el amor de Cristo por su Iglesia. De este modo, gracias al matrimonio crece la comunidad cristiana y se engendran hijos fruto del amor, que, al respirar la fe en la familia, acrecientan el número de los miembros del Cuerpo de Cristo. Así, la familia se convierte en Iglesia doméstica, lugar preponderante de la recepción, vivencia y expresión de la fe (cf. *infra* cap. 4).

### f) La reciprocidad entre fe y los sacramentos en la economía sacramental

78. Este repaso conjunto sobre la reciprocidad entre la fe y los sacramentos en la economía sacramental nos ha mostrado varios aspectos de gran importancia para nuestro tema.

a) En la economía divina todo parte de la revelación salvífica del Dios trinitario. Esta economía adquiere su cumbre cuando el Padre revela a su Hijo mediante la Pascua del Hijo y el don del Espíritu en Pentecostés. Estos misterios salvíficos se perpetúan en la historia mediante la Iglesia y los sacramentos gracias a la acción del Espíritu.

b) Esta revelación y comunicación de Dios posee una índole sacramental: mediante signos visibles se transmite la gracia invisible. La índole sacramental de la revelación se percibe mediante la fe.

c) La fe es la relación personal con el Dios trinitario, mediante la cual se responde a su gracia, a su revelación sacramental; por eso, la fe es esencial y constitutivamente dialógica. Se trata también de una realidad dinámica, que acompaña toda la vida del creyente. Como en toda relación le cabe crecer y robustecerse, pero también sus contrarios: debilitarse o incluso perderse. Posee, simultáneamente, una impronta personal y eclesial. Dado que con la fe ya se vive la relación personal con el Dios trinitario, la fe guía hacia la salvación y la vida eterna.

d) La actuación salvífica de Dios, la economía, se extiende más allá de las fronteras visibles de la Iglesia. Este factor parecería negar la índole sacramental de la economía. Ahora bien, una consideración atenta del modo de funcionar la salvación en esos casos muestra que dicha actuación salvífica de Dios, acogida por una fe de tipo implícito, no se realiza al margen de la sacramentalidad de la economía divina, sino precisamente gracias a la misma.[85]

e) Bajo diferentes figuras y aspectos, la celebración de los sacramentos siempre ha de ir acompañada de la fe en sus diversas vertientes: una fe personal, que, en su dinamismo hacia Dios, participa de la fe eclesial y se adhiere a ella mediante la pertenencia eclesial querida o, como mínimo imprescindible, hace suya la intención eclesial específica inherente a las celebraciones sacramentales. De este modo, la celebración sacramental nunca cae en un automatismo sacramental.

---

[85] Cf. CONGREGACIÓN PARA LA DOCTRINA DE LA FE, Decl. *Dominus Iesus* (6 de agosto de 2000) 20-22: *AAS* 92 (2000) 761-764. Véase nuestro § 37.

f) La misma fe posee, en su propia esencia, una tendencia natural a expresarse y alimentarse sacramentalmente debido, precisamente, a la estructura sacramental de la economía que la suscita. No cabe no sólo oponer sino ni siquiera deslindar como diferentes la fe en la gracia salvífica de Jesucristo (*Ur-Sakrament*) de su permanencia histórica en el espacio y en el tiempo gracias a la Iglesia (*Grundsakrament*).

## 2.3. *Conclusión: dinamismos de la fe y la sacramentalidad*

79. Como colofón podemos concluir con una serie de dinamismos destacados, que han surgido de la consideración de la índole dialogal de la economía sacramental:

a) La fe constituye la respuesta dialogal a la interlocución sacramental del Dios trinitario. Este factor sella la reciprocidad entre fe y sacramentos. En el caminar del creyente, la fe se va modulando y expresando en las diversas situaciones de la vida, acompañada por los diversos sacramentos que la Iglesia ofrece para la vida cristiana a lo largo del peregrinaje terreno.

b) Por su propia constitución, la fe cristiana es sacramental. Por eso, se da una connaturalidad entre la fe y la sacramentalidad. Uno de los dinamismos fundamentales de la fe consiste, entonces, en su expresión sacramental, como modo de alimentarse, robustecerse, enriquecerse y manifestarse.

c) En la expresión sacramental de la fe entran en juego tanto la dimensión personal de la fe (subjetiva) como la dimensión eclesial (objetiva) de la misma. En su dinamismo de crecimiento la fe personal se adhiere más intensamente y se identifica más con la fe eclesial. La reciprocidad entre fe y sacramentos excluye la posibilidad de una celebración sacramental totalmente ajena a la fe eclesial (intención).

d) La sacramentalidad propia de la fe comporta siempre un dinamismo misionero, pues inscribe de modo activo al creyente en la dinámica de la economía divina, dotándole de un cierto protagonismo, para el que la gracia divina faculta. Quien recibe un sacramento intensifica su cristificación gracias al Espíritu, reafirma su inserción eclesial y realiza un acto litúrgico de alabanza a Dios, que nos dispensa sus bienes mediante los sacramentos. Desde esta óptica, se entiende, por ejemplo, que quien recibe el bautismo es, en primer término, agraciado de modo gratuito: se configura con el misterio pascual de Cristo; pero también, simultáneamente, es llamado a testimoniar el don recibido a través de una vida de alabanza que brote de la fe de la Iglesia. Nadie recibe los sacramentos en exclusiva para sí mismo, sino también para representar y fortalecer la Iglesia, que, como medio e instrumento de Cristo (cf. LG 1), ha de ser testigo creíble y signo eficaz de la esperanza contra toda esperanza testificando para el mundo la salvación de Cristo, sacramento de Dios por antonomasia. Así, por la celebración de los sacramentos y la vivencia adecuada de los mismos el Cuerpo de Cristo se robustece.

# 3.
# LA RECIPROCIDAD ENTRE FE Y SACRAMENTOS EN LA INICIACIÓN CRISTIANA

80. [*Introducción*]. Una vez vista la reciprocidad esencial reinante entre fe y sacramentos en un doble plano general, desde la economía sacramental y desde la fe y los sacramentos, pasamos a considerar su incidencia en los sacramentos de la iniciación cristiana. Se trata, pues, de aplicar las nociones y los puntos de vista ganados, para hacerlos fructificar en cada uno de los tres sacramentos de la iniciación. Cada sacramento posee una especificidad propia, que se pretende respetar. Sin embargo, para sistematizar el tratamiento de la cuestión principal, procedemos según cinco pasos articulados, con excepciones adaptadas a cada sacramento. Estos pasos son: (1) el fundamento bíblico principal; (2) la correlación entre dicho sacramento y la fe adecuada para la celebración del mismo; (3) la problemática que se presenta hoy en día en torno a dicha correlación; (4) la iluminación a partir de momentos señeros y escogidos de la Tradición; y, a la luz de la reflexión precedente sobre el puesto de la fe en la celebración del sacramento, (5) una propuesta teológica en orden a la pastoral acerca de la fe necesaria para la celebración de cada sacramento. Debido a la problemática diferencial del bautismo de adultos y de niños, este esquema se adapta a cada caso. Se parte del bautismo de adultos y se completa el tratamiento con los elementos específicos del bautismo de niños. Presuponemos una

teología más completa de cada sacramento. Simplemente recogemos unos elementos esenciales para articular una respuesta con sentido a la pregunta por la reciprocidad entre fe y sacramento en cada uno de los sacramentos de la iniciación.

### 3.1. *Reciprocidad entre fe y bautismo*

a) Fundamentación bíblica

81. Después de la gran predicación kerigmática en el día de Pentecostés, a los oyentes «se les traspasó el corazón, y preguntaron a Pedro y a los demás apóstoles: "¿Qué hemos de hacer, hermanos?" Pedro les contestó: "Convertíos y sea bautizado cada uno de vosotros en el nombre de Jesús, el Mesías, para perdón de vuestros pecados; y recibiréis el don del Espíritu Santo. […] los que aceptaron sus palabras se bautizaron» (Hch 2,37-38. 41). La conversión, la respuesta humana a la proclamación del Evangelio, parece inseparable del rito sacramental del bautismo, que está vinculado a varios aspectos fundamentales de la vida cristiana. Por el bautismo el creyente participa del misterio pascual de Cristo (cf. Rm 6,1-11), anticipado por Cristo en su propio bautismo y realizado en su pasión y resurrección (cf. Mc 10,38; Lc 12,50); se reviste de Cristo, se configura con Él, pasa a ser en Cristo y con Cristo. Así, nos convertimos en hijos adoptivos y creaturas nuevas. El apóstol Pablo entiende además que con el bautismo: «el cristiano ha sido entregado a un "modelo de doctrina" (*typos didachés*), al que obedece de

corazón (cf. Rm 6,17). En el bautismo el hombre recibe también una doctrina que profesar y una forma concreta de vivir, que implica a toda la persona y la pone en el camino del bien. Es transferido a un ámbito nuevo, colocado en un nuevo ambiente, con una forma nueva de actuar en común, en la Iglesia».[86]

Asimismo, se incorpora a la Iglesia, cuerpo de Cristo (cf. 1Cor 1,11-16; 12,13). Mediante el bautismo se recibe el Espíritu Santo prometido (Hch 1,5), el perdón de los pecados (Col 2,12-13), la justificación. De esta suerte, el recién bautizado, nueva creatura, por este nuevo nacimiento (Jn 3,3.5) pertenece a Cristo y a la Iglesia, está capacitado para vivir la vida cristiana, testimoniándola con una vida nueva.

## b) Fe y bautismo de adultos

82. El bautismo es el sacramento de la fe por antonomasia. Ya Mc 16,16 vincula fe y bautismo: «El que crea y sea bautizado, se salvará». Además, el mandato bautismal con el que finaliza el evangelio de Mateo (28,19) contiene una fórmula bautismal, en la que la Iglesia ha visto la síntesis de su fe trinitaria. Por otra parte, el rito del bautismo recoge con claridad la importancia de la fe. En el actual rito de entrada en el catecumenado, el catecúmeno solicita de la Iglesia «la fe» que otorga «la

---

[86] FRANCISCO, Enc. *Lumen fidei* (29 de junio de 2013) 41: *AAS* 105 (2013) 583.

vida eterna».[87] En la Iglesia antigua, el rito de la triple inmersión iba acompañado de las respuestas a un credo interrogativo.[88] Hoy en día, las renuncias y la profesión de fe forman parte integrante del rito. La misma celebración ritual, con sus escrutinios, pone de relieve la índole dialógica del acontecimiento: la proclamación pública de la fe del catecúmeno, previamente probada durante el catecumenado en sus diversas fases, y la recepción del bautismo impartido por un ministro eclesial. Los mismos escrutinios cumplen la función de cerciorarse de la adhesión a la fe eclesial por parte del bautizando, más allá de las demostraciones previas de conocimiento de la doctrina, conformidad con la moral y práctica de la oración durante el catecumenado. Siendo un don de Dios, nadie se administra un sacramento a sí mismo. Igual que la fe se recibe, mediante la predicación y la escucha de la Palabra, así también los sacramentos se inscriben en esta lógica de la recepción del don de Dios.

83. El cristiano así configurado con Cristo continúa su peregrinación en la fe, recibiendo en otras ocasiones el Espíritu Santo en la celebración de los demás sacramentos y otros sacramentales. Dos analogías iluminan esta realidad. La infusión del «aliento de vida» por parte de Dios sobre Adán (Gn 2,7). Más pregnante, todo el ministerio público de Jesús aparece marcado por la recepción del Espíritu enviado por el Padre con el que fue

---

[87] *Ritual de la iniciación cristiana de adultos,* § 75; cf. *Ibid.,* § 247.
[88] *Traditio apostolica,* 21 (SCh 11, 50-51).

ungido en el bautismo (Mc 1,10 y par.), que le condujo al desierto (Mc 1,12 y par.), con el que proclamó estar ungido en la sinagoga de Nazaret (Lc 4,16-21), mediante el cual expulsaba demonios (Mt 12,28), que exhaló en la cruz (Mt 27,50; Lc 23,46). En conjunto, su misión entera puede calificarse como un bautismo, con referencia a la Pascua (cf. Lc 12,50). De este modo, la vida del cristiano se entiende como un despliegue progresivo de aquello que el don inicial del Espíritu en el bautismo pone en marcha, hasta la consumación de la propia vida, entregándola al Padre, como Jesús.

c) Propuesta pastoral: fe para el bautismo de adultos

84. Con el bautismo, sacramento de la vida nueva en Cristo[89] y nuevo nacimiento, se emprende un camino, se pasa a formar parte de la Iglesia y se ingresa en la economía sacramental. En la Iglesia antigua este cambio de vida se expresaba visible y corporalmente, girándose los bautizados de occidente, hacia donde se miraba durante las renuncias, hacia oriente, durante la profesión de fe. Siempre se ha pedido una preparación mediante el catecumenado u otros modos de instrucción, pero también se ha sido bien consciente de la índole inicial de la fe bautismal. Por eso, el proceso catecumenal previo se ha de haber seguido con seriedad y asiduidad, proclamando el catecúmeno de modo responsable su adhesión a la fe

---

[89] AGUSTÍN, *Sermo VIII in octava Paschatis ad infantes*, 1 (PL 46, 838).

trinitaria recibida y el deseo de seguir progresando en el conocimiento de la misma y en la coherencia de vida con ella, gracias al don de la gracia bautismal. Siendo el bautismo puerta de entrada, la fe requerida para el bautismo no ha de ser perfecta, sino inicial y deseosa de crecer.

85. Igual que el catecumenado se comprende como una parte de la iniciación, del mismo modo el bautismo no consiste en un rito clausurado en sí mismo, sino que exige desde su propia dinámica interna un despliegue de la vida como bautizado. Tampoco ha quedada cerrada la comprensión de la fe, a pesar de la igualdad entre la fe que se celebra en el rito y la fe que se cree.[90] A esto le corresponde la catequesis post-bautismal, en cierto modo como una fase ulterior de la instrucción específicamente dedicada al sacramento. La praxis de la Iglesia antigua refleja la convicción de que la verdadera comprensión de los «*mysteria*» acontece tras su recepción.[91] De todos modos, no se partía de que la comprensión sucedía por sí misma, sino que se introducía a los neófitos en los sacramentos mediante las catequesis mistagógicas.

86. [*Luces a partir de la Tradición*]. Cirilo de Jerusalén divulga insistentemente la conversión del corazón y advierte: «si tu intención permanece errada (…) entonces

---

[90] Cf. BASILIO, *De Spiritu Sancto* XI,27 (SCh 17bis, 340-342).
[91] CIRILO DE JERUSALÉN, *Catecheses mystagogicae*, I,1 (PG 33, 1065; SCh 126, 84).

recibirás el agua, pero no el Espíritu Santo».[92] No exige explícitamente la fuerza de la fe en el sentido de una fuerza extraordinaria, capaz de mover montañas, sino la adhesión creyente al anuncio eclesial: «Necesitas la fe, que depende de ti, la fe en Dios, para que recibas la fe que Dios otorga y obra cosas sobrehumanas».[93] La fe puede y debe crecer; la disposición a ello pertenece a la misma decisión de bautizarse.[94]

87. Cuando a partir del giro constantiniano el catecumenado clásico, con su seriedad y sus diversas etapas, fue paulatinamente desapareciendo, la Iglesia se adaptó a una circunstancia nueva: la sociedad se convirtió mayoritariamente en cristiana. En esta situación, la socialización general incluía una cierta socialización religiosa, al menos comparativamente mayor que en la época previa. Sin embargo, se siguió manteniendo la necesidad de una figura eclesial de la fe (padrinos); y de una instrucción mínima previa, que permitiera una adhesión personal responsable y consciente. Resulta instructivo el caso de las Indias. A pesar de que existieron diferentes tendencias y de que en la teología de la época la salvación se vinculaba muy estrechamente con el bautismo, se terminó por

---

[92] *Procatech.* Introd. n. 4 (PG 33, 340A).

[93] *Procatech.* V,11 (PG 33, 520B).

[94] *Procatech.* I,6; I,4 (dar frutos; PG 33, 377 y 373-376). Sobre todo en las catequesis de Juan Crisóstomo a los neófitos: *Cat.* 3/5, 2. 15. 21 (FC 6/2, 412-415, 424s., 428-431); *cat.* 3/7, 16-25 (FC 6/2, 478-487) entre otras, se encuentran advertencias contra la negligencia y la tibieza.

imponer la opinión que mejor salvaguardaba la dignidad de los indios y la índole dialogal de los sacramentos.[95] En esta línea, el dominico, Francisco de Vitoria, junto con otros teólogos, redactó un informe acerca de la cuestión de la preparación adecuada de los cristianos del nuevo continente, en medio de una escasez enorme de sacerdotes, sobre quienes recaía el peso de la catequesis: «no se han de bautizar antes de haber sido suficientemente instruidos no solamente en la fe, sino también en las costumbres cristianas, por lo menos en cuanto es necesario para la salvación. No se han de bautizar antes de que sea verosímil que entienden lo que reciben o que respondan y confiesen en el bautismo y que quieran vivir y perseverar en la fe y religión cristiana».[96]

88. [*Propuesta pastoral*]. La Iglesia está siempre deseosa de celebrar el bautismo. Implica la alegría de que nuevos creyentes reciben la justificación, se incorporan a Cristo, lo reconocen como su Salvador, configuran su vida con Cristo, pasan a formar parte de la Iglesia, testifican la vida nueva del Espíritu, con la que han sido agraciados e iluminados. Sin embargo, en ausencia absoluta de fe personal, el rito sacramental pierde su sentido. Mientras que la validez se fundamenta en la realización del sacramento

---

[95] Cf. Paulo III, Constitución *Altitudo divini consilii* (1 junio 1537).
[96] «Parecer de los teólogos de la Universidad de Salamanca sobre el bautismo de los Indios», en *Colección de documentos inéditos, relativos al descubrimiento, conquista y colonización de las posesiones españolas en América y Oceanía,* t. III, Madrid 1865, 545; véase todo el informe: 543-553. Traducción propia.

por parte del ministro con la intención adecuada (cf. §§ 65-70), sin un mínimo de fe por parte de quien se bautiza la reciprocidad esencial entre fe y sacramentos se desvanece. Sin una fe en que los signos visibles (*sacramentum tantum*) transmiten la gracia invisible (ej. inmersión en el agua como tránsito de la muerte a la vida nueva), estos signos no transmiten la realidad significada invisible (*res sacramenti*): perdón de los pecados, justificación, renacimiento en Cristo mediante el Espíritu, ingreso en la vida filial. En este caso, el bautismo pasa a ser una mera convención social o se impregna de elementos paganos.

89. Ese mínimo de fe parece imprescindible para quien recibe el sacramento se acerque a la intención de realizar lo que la Iglesia cree. Algunos de los elementos pertenecientes a este mínimo de fe se deducen de la misma dinámica de la celebración sacramental:[97] la fe trinitaria, con la invocación de las tres personas divinas sobre el neófito; la convicción de renacer en Cristo, simbolizada por la inmersión en las aguas, como aguas de la vida;[98] el nacimiento a una nueva vida, significada por el revestimiento con la vestidura blanca; la convicción de recibir la luz de Cristo y el deseo de testimoniarlo, representado por la recepción de la luz del cirio pascual.

---

[97] Cf. FRANCISCO, Enc. *Lumen fidei* (29 de junio de 2013) 42: *AAS* 105 (2013) 583-584.

[98] Cf. Is 33,16, leído por *Epistula Barnabae*, 11,5 (SCh 172, 162). Citado por FRANCISCO, Enc. *Lumen fidei* (29 de junio de 2013) 42: *AAS* 105 (2013) 584.

90. Se impone, pues, la fidelidad a la doctrina de la Iglesia, la caridad y la prudencia pastoral, junto con la creatividad en la acogida y en la oferta de itinerarios catecumenales. No defender suficientemente lo que el sacramento es y significa, por temor a unas exigencias mínimas, supone un daño mayor a la sacramentalidad de la fe y de la Iglesia. Va en detrimento de la integridad y la coherencia de la misma fe que se pretende salvaguardar. Ciertamente la fe del receptor no es la causa de la gracia que actúa en el sacramento, pero sí que constituye parte de la disposición adecuada necesaria para la fructuosidad del mismo, para que sea fecundo. Sin ningún tipo de fe parece difícil afirmar que se mantenga el mínimo indispensable con respecto a la disposición, que incluye, en su grado inferior, no poner óbice alguno.[99] En este sentido, sin un mínimo de fe, el don de Dios que convierte al bautizado en «sacramento» vivo de Cristo, en carta de Cristo (cf. 2Cor 3,3) no alcanza a producir el fruto que le es propio. Por otra parte, quien confiesa a Cristo como su Señor y Salvador no dudará en querer asociarse lo más íntimamente posible, sacramentalmente, al núcleo central del misterio salvífico de Cristo: la Pascua.

d) Fe y bautismo de niños

[99] CONCILIO ECUMÉNICO DE TRENTO, Sesión séptima. *Decreto sobre los sacramentos,* can. 6 (DH 1606). Véase la nota 82.

91. El bautismo de párvulos está atestiguado desde tiempos muy antiguos.[100] Se justifica en el deseo de los padres de que sus hijos participen de la gracia sacramental, se incorporen a Cristo y a la Iglesia, se conviertan en miembros de la comunidad de los hijos de Dios igual que lo son de la familia, pues el bautismo es medio eficaz de salvación, al perdonar los pecados, comenzando por el pecado original, y transmitir la gracia. El infante no rubrica de modo consciente su pertenencia a su familia carnal ni se enorgullece de ella, como sucede con frecuencia con muchos ritos de iniciación, como la circuncisión en la fe judía. Si la socialización sigue su curso ordinario, lo hará como joven y adulto, con agradecimiento. Con el bautismo de los párvulos se pone de relieve que la fe en la que nos bautizamos es la fe eclesial, que nuestro crecimiento en la fe transcurre gracias a la inserción en el «nosotros» comunitario.[101] La celebración lo rubrica de modo solemne, tras la profesión de fe: «Esta es nuestra fe, esta es la fe de la Iglesia que nos gloriamos de profesar».[102] En esta ocasión, los padres actúan como representantes de la Iglesia, que acoge a estos niños en

---

[100] Cf. IRENEO, *Adv. Haer.* II,22,4 (SCh 294, 220); ORÍGENES, *In Rom.* V,9 (PG 14, 1047); CIPRIANO, *Epist.* 64 (CSEL 3, 717-721); AGUSTÍN, *De Genesi ad lit.* X,23,39 (PL 34, 426); *De peccatorum meritis et remissione et de baptismo parvulorum* I, 26,39 (PL 44, 131). Además CONGREGACIÓN PARA LA DOCTRINA DE LA FE, Instr. *Pastoralis actio*: *AAS* 72 (1980) 1137-1156.

[101] Cf. FRANCISCO, Enc. *Lumen fidei* (29 de junio de 2013) 43: *AAS* 105 (2013) 584.

[102] *Ritual de bautismo de niños,* §§ 127, 152.

su seno.[103] Por eso, el bautismo de los niños se justifica desde la responsabilidad de educar en la fe, que contraen los padres y padrinos, paralela a la responsabilidad de educarlos en el resto de los ámbitos de la vida.

e) Propuesta pastoral: fe para el bautismo de niños

92. Muchas familias viven la fe y la transmiten a sus hijos, de modo tanto explícito como implícito, los educan en la fe habiéndolos bautizado al poco de nacer, siguiendo una costumbre cristiana ancestral. Sin embargo, se plantean diversos problemas. En algunos lugares disminuye drásticamente el número de bautismos. No es raro que en países de tradición cristiana los niños que se preparan para la primera comunión descubran en ese momento que no están bautizados. Con mucha frecuencia algunos padres solicitan el bautismo de sus hijos por convención social o presión familiar, sin participar de la vida de la Iglesia y con serias dudas sobre la intención y la capacidad para proporcionar una futura educación en la fe de sus hijos.

93. [*Luces a partir de la Tradición*]. Con una gran continuidad, la Iglesia ha defendido la legitimidad del bautismo de los párvulos, a pesar de las críticas que esta práctica ha recibido ya desde antiguo. En tiempos muy primitivos se nos narran bautismos de familias enteras (cf. Hch 16,15. 33). La tradición del bautismo de niños es muy antigua. Ya la atestigua la *Tradición apostólica*.[104] Un

___

[104] *Traditio apostolica*, 21 (SCh 11, 49).

sínodo de Cartago, del año 252, la defiende.[105] La conocida impugnación de Tertuliano del bautismo de párvulos solo tiene sentido si era una costumbre extendida.[106] Esta práctica siempre ha ido acompañada de una figura eclesial significativa y cercana a los niños (padres, padrinos), que se comprometía a proporcionar la educación en la fe al hilo de la educación ordinaria de los niños. Es más, en la medida en que el bautismo de párvulos pasó a ser la práctica más regular, más se acentuó la necesidad de una catequesis postbautismal para instruir en la fe a los bautizados y así contribuir a evitar en lo posible su alejamiento o distanciamiento total de la fe.[107] Sin esta figura representativa de la fe eclesial el bautismo, sacramento de la fe con una acentuada índole dialógica, carecería de uno de sus componentes esenciales.

94. [*Propuesta pastoral*]. En el caso de los niños ha de constar una esperanza fundada en la educación en la fe, gracias a la fe de los adultos que se hacen responsables. Sin ningún tipo de esperanza en una futura educación en la fe no se dan las condiciones mínimas para una recepción del bautismo con sentido.[108]

<hr>

[105] Cf. Cipriano, *Epistula* 64,2-6 (CSEL 3/2, 718-721).

[106] Cf. Tertuliano, *De baptismo,* 18,4-6 (CCSL 1, 293; SCh 35, 92-93).

[107] Cf. Isidoro de Sevilla, *De Ecclesiasticis Officiis,* II,21-27; Tomás de Aquino, *STh* II-II, q.10 a.12.

[108] Cf. Congregación para la Doctrina de la Fe, Instr. *Pastoralis actio,* 15 y 28, n. 2: *AAS* 72 (1980) 1144-1145 y 1151.

## a) Fundamentación bíblica e histórica

95. [*Fundamentación bíblica*]. Como el bautismo, también el sacramento de la confirmación encuentra su fundamentación en la Escritura. El Espíritu, como dijimos, desempeña un papel crucial en la vida y misión de Jesús (cf. § 83). También ocupa un puesto estelar en la vida cristiana. Los discípulos han de ser revestidos con el «poder de lo alto» (Lc 24,46-49; Hch 1,4-5. 8) antes de convertirse en testigos del Resucitado. Según los Hechos, el Espíritu descendió sobre los discípulos (Hch 2,1-11) y sobre otros muchos, incluyendo a los gentiles (Hch 10,45), que así proclamaron y testimoniaron a Cristo y el evangelio (Hch 2,43; 5,12; 6,8; 14,3; 15,12; cf. Rm 15,13). El Paráclito prometido (Jn 14,16; 15,26; 16,7) ayuda a los discípulos a progresar en su vida de fe y testimoniarla ante el mundo. En algunos pasajes se diferencia entre la recepción del bautismo y una posterior efusión del Espíritu, ligada a la intervención de los apóstoles mediante la imposición de las manos sobre cristianos que ya viven su fe (cf. Hch 8,14-17; 19,5-6; Heb 6,2). Igual que podemos diferenciar el momento de la Pascua de Pentecostés, así también en la vida del cristiano que se inserta en la economía sacramental se dan dos momentos diferenciados e interconectados: el bautismo, que acentúa la configuración pascual, y la confirmación, que remite más directamente a Pentecostés, con la recepción del Espíritu, a la plena incorporación a la misión eclesial. En la iniciación cristiana de adultos ambos aspectos se dan en una única celebración conjunta.

96. [*Fundamentación histórica*]. Desde antiguo se han reconocido una serie de ritos postbautismales, no siempre nítidamente distinguidos del mismo bautismo, como eran la imposición de manos, la crismación con el óleo y la signación.[109] La Iglesia ha mantenido siempre que estos ritos postbautismales formaban parte de la iniciación cristiana completa. Con el transcurrir de la historia y el aumento de los cristianos, oriente mantuvo la unidad consecutiva de bautismo, crismación y primera eucaristía, impartidos por el presbítero, si bien sólo al obispo compete la bendición del óleo. En occidente, sin embargo, se reservó la crismación con el óleo (crisma) al obispo,[110] que, durante siglos, hasta una intervención de Pío X en 1910,[111] tenía lugar durante la visita del obispo, antes de la primera comunión. Ya muy a comienzos del siglo IV, en el concilio de Elvira (ca. 302), se reconoce la diferencia y la distancia en el tiempo entre bautismo y confirmación.[112]

b) Fe y confirmación

97. En el ritual de la confirmación se renuevan las renuncias y se repite la profesión de fe bautismal. Así se marca su continuidad con el bautismo a la vez que la necesidad de la precedencia de este. Lo propio de la confir-

---

[109] Cf. *Traditio apostolica*, 22 (SCh 11, 52-53).

[110] Cf. INOCENCIO I, *Carta a Decentio, obispo de Gubbio* (año 416; DH 215).

[111] Cf. *Decreto de la Sagrada Congregación de Sacramentos «Quam singulari»* (8 agosto 1910): *AAS* 2 (1910) 582s (DH 3530s).

[112] CONCILIO DE ELVIRA, can. 77 (DH 121; G. MARTÍNEZ DÍAZ – F. RODRÍGUEZ, *Colección canónica hispana*, t. IV, Madrid 1984, 267).

mación reside en un doble elemento relacionado con la fe. En primer lugar, una adhesión más plena y una «fortaleza especial» del Espíritu Santo (LG 11), tal y como señala el mismo rito: «N., recibe por esta señal el Don del Espíritu Santo».[113] En segundo lugar, la confirmación implica una vinculación «más estrecha a la Iglesia» (LG 11). Así, la eclesialidad de la fe se reafirma. Por consiguiente, la fe bautismal se afianza en varias direcciones. Es una fe más dispuesta al testimonio público de la fe eclesial; es una fe con mayor vigor e identificación eclesial; es una fe más activa, en cuanto que más conformada por el don del Espíritu, subsiguiente a la primera recepción bautismal del Espíritu. Estos aspectos denotan una maduración de la fe en comparación con la fe inicial, requerida para el bautismo. Sin estas disposiciones de fe el sacramento corre el peligro quedarse en un rito vacío.

98.  La presencia del obispo, ministro «originario» de la confirmación (LG 26), expresa de modo rotundo la índole eclesial de la confirmación. A la unión con el Espíritu Santo, se le suma la unión con la Iglesia. La participación en la confirmación es el signo y el medio de la comunión eclesial. La confirmación celebrada por el obispo local promueve la unidad espiritual entre el obispo y la Iglesia local. El confirmado se incorpora a la Iglesia, contribuyendo a la edificación del cuerpo de Cristo (cf. Ef 4,12; 1Cor 12). Además, fortalece su vida cristiana, ya iniciada

---

[113] *Ritual de la confirmación,* § 32. Cf. *Catecismo de la Iglesia Católica,* §§ 1294-1296.

con el bautismo. Por el nuevo don del Espíritu está mejor capacitado para ser testigo vivo de la fe recibida, a semejanza de lo que ocurrió en Pentecostés.

c) Problemática actual

99. La actual ubicación del sacramento de la confirmación en occidente se debe más a circunstancias históricas y pastorales, que a motivos propiamente teológicos o derivados de la especificidad del sacramento. En la iniciación cristiana de adultos se mantiene la cadencia originaria y teológicamente más consistente: bautismo, confirmación, eucaristía. Si bien el sacramento de la confirmación ofrece la posibilidad de continuar la instrucción en la fe, la inserción en la Iglesia y la personalización de la decisión que tomaron en su día los padres y padrinos a favor del niño, no se puede pretender que solucione las dificultades de la pastoral juvenil ni la desafección de los jóvenes que en su día fueron bautizados con respecto de la institución eclesial y la fe. A pesar de los loables esfuerzos y de que en ocasiones supone un redescubrimiento más maduro de la fe, con el paso a una pertenencia activa más consciente y adulta, en no pocas ocasiones los jóvenes viven la celebración de la confirmación en clave de graduación universitaria: una vez logrado el título no se precisa regresar a las aulas. Otros simplemente entienden la confirmación como una condición para pasos ulteriores, como el matrimonio, sin captar lo propio de este sacramento, desdibujado en el sentir de muchos fieles.

d) Propuesta pastoral: fe para la confirmación

100. La importancia del bautismo se ha mantenido firme con mucha constancia, así como su perfil teológico. El aplazamiento de la confirmación, allí donde se difiere por largo tiempo o, incluso, no se administra, ha dificultado el aprecio de su puesto en la iniciación cristiana, como sacramento del Espíritu y de la Iglesia, elementos fundamentales en la iniciación cristiana. Una iglesia misionera está conformada por cristianos confirmados, que, en la fuerza del Espíritu, asumen plenamente la responsabilidad de su fe. Un cristiano quiere, lógicamente, ser sacramento de Cristo. Por eso, se incorpora de modo pleno a la Iglesia y solicita el don del Espíritu mediante el crisma y la imposición de manos, si no se recibió junto con el bautismo. Igual que Cristo recibió la unción del Espíritu al salir de las aguas, así el cristiano que se configura con Cristo también realiza su recorrido de fe en el Espíritu, fortalecido por la confirmación.[114]

101. En la iniciación cristiana de adultos, la fe requerida para la confirmación coincide con la necesaria para el bautismo. En el caso de una recepción diferida de ambos sacramentos, la fe bautismal habrá madurado en varias direcciones. Se habrá dado un progreso en la apropiación personal de la fe eclesial y en el sentido de pertenencia. Esto implica un mejor conocimiento, una mayor capacidad para dar razón de la fe eclesial y una confor-

[114] Cf. *Catecismo de la Iglesia Católica*, §§ 1285, 1294.

mación adecuada de la vida con la misma. También se habrá recorrido un camino de relación personal con el Dios trinitario, en particular a través de la oración. Más decisivo, la fe habrá configurado la biografía, habiendo realizado un camino de seguimiento de Cristo en la Iglesia. La confirmación implica el deseo y la decisión de seguir adelante en este camino, encontrando, mediante el discernimiento posibilitado por el Espíritu, el modo propio de seguir a Jesús y testificarlo. Para ello resulta clave una relación personal profunda con el Señor ganada a través de la oración, que impulsa hacia el testimonio, la pertenencia eclesial y la práctica sacramental asidua. Del mismo modo que la economía sacramental no se cierra con la Pascua, sino que incluye Pentecostés, de la misma manera la iniciación cristiana no se clausura con el bautismo. Si hubo una fase de espera y preparación para la recepción del don del Espíritu, presidida por la oración (cf. Hch 1,14), así también la catequesis adecuada para la recepción de la confirmación, sin olvidar los otros elementos – doctrina, moral – ofrece la oportunidad para una intensificación y personalización de la relación con el Señor mediante la oración.


### 3.3. *Reciprocidad entre fe y eucaristía*

a) Fundamentación bíblica

102. Lo acontecido en la Última Cena (Mt 26,26-29; Mc 14,22-26; Lc 22,14-23; 1Cor 11,23-26) se ha considerado desde siempre la institución de la eucaristía. A

estos relatos fundamentales se han de añadir otros en los que la Iglesia ha visto un tenor eucarístico: las multiplicaciones de los panes (Mc 6,30-44 y par.; 8,1-10 y par.; Jn 6,1-14), las amonestaciones de Pablo a la comunidad de Corinto (1Cor 10-11) o el episodio que cierra el encuentro de los de Emaús con el Resucitado (Lc 24,30-31. 35). Siguiendo la fuerza del mandato «haced esto en memoria mía» (1Cor 11,24, cf. 25; Lc 22,19), desde el comienzo (ej.: Hch 2,42. 46; 20,7; 27,35) hasta el día de hoy, allí donde hay cristianos e Iglesia se celebra la eucaristía, el memorial de la pasión y resurrección del Señor hasta que vuelva, su entrega salvífica por los «muchos», por todos (cf. Rm 5,18-19; 8,32).

103. En la Última Cena el Señor Jesús condensa el significado de toda su vida, de su muerte inminente y de su futura resurrección para transmitirlo a sus discípulos como memorial y signo eminente de su amor. Por eso, lo que allí aconteció y el recuerdo sacramental de su pasión y resurrección ostentan una densidad extraordinaria. La Iglesia celebra en la eucaristía la presencialización y actualización de la entrega de Cristo por todos nosotros al Padre, de su sacrificio. En la eucaristía, acción de gracias al Padre «por Cristo, con Él y en él»,[115] que se hace presente por la acción del Espíritu, la Iglesia se une a Cristo, se asocia a Él, y se convierte en su Cuerpo. Por eso, se ha podido afirmar con verdad que la Iglesia nace de

[115] Doxología que cierra la plegaria eucarística. Cf. p. ej. *Misal Romano*, 3ª ed. típica, §§ 119, 127, 136, 144.

la eucaristía.[116] Dado que la eucaristía recoge la esencia misma de la vida de Cristo y, por ende, de la vida cristiana, es a la vez la fuente y el culmen de la vida cristiana (SC 10; LG 11).

b) Fe y eucaristía

104. [*Fe trinitaria*]. Cada eucaristía comienza «en el nombre del Padre y del Hijo y del Espíritu Santo»: con un recuerdo de la fórmula bautismal, del credo trinitario, que recorre e impregna toda la celebración. «La primera realidad de la fe eucarística es el misterio mismo de Dios, el amor trinitario».[117] Pues en la eucaristía entramos en la comunión de vida con el amor del Dios trinitario. Como máxima señal de su amor, el Padre entregó a su Hijo por nuestra salvación; el cual, a su vez, se ofreció en «virtud del Espíritu eterno» (Heb 9,14). En la eucaristía se nos hace partícipes de esta corriente amorosa, ínsita en la intimidad divina. Al Dios trinitario presentamos la mejor alabanza posible por Cristo en la unidad del Espíritu, como solemnemente proclama la doxología con la que culmina la plegaria eucarística. La acción de gracias, al Padre por el Hijo entregado por nosotros y por el don del Espíritu, se rubrica con la alabanza que compromete el testimonio personal en la vida ordinaria.

---

[116] Cf. SAN JUAN PABLO II, Enc. *Ecclesia de Eucharistia* (17 de abril de 2003) esp. 1 y 21-25: *AAS* 95 (2003) 433-434 y 447-450.

[117] BENEDICTO XVI, Ex. apost. *Sacramentum caritatis* (22 de febrero de 2007) 7: *AAS* 99 (2007) 110.

105. [*Unidad de fe y caridad*]. El acto penitencial, si-
tuado al comienzo de la celebración eucarística, manifiesta la necesidad de todo creyente sincero de recibir
el perdón de los pecados, de reconciliarse con Dios y
con los hermanos, para poder entrar en la comunión con
Dios. Además, el acto penitencial subraya la inseparabilidad entre la comunión vertical con Cristo, cuya entrega
se rememorará de inmediato (*anámnesis*), y la horizontal
con los demás cristianos y, más allá de ella, con todos los
hombres. La fe eucarística verdadera es siempre una fe
activa mediante la caridad (cf. Gal 5,6). En la eucaristía:
«el amor a Dios y el amor al prójimo están realmente
unidos: el Dios encarnado nos atrae a todos hacia sí. Se
entiende, pues, que el *agapé* se haya convertido también
en un nombre de la Eucaristía: en ella el *agapé* de Dios
nos llega corporalmente para seguir actuando en nosotros y por nosotros».[118]

106. [*Fe como respuesta a la Palabra de Dios*]. Desde
el siglo XI, el mismo credo con el que se concluye el
rito bautismal forma parte fija de la celebración eucarística los domingos y solemnidades. Esta confesión de
fe es simultáneamente respuesta a la Palabra de Dios y
expresión de la unidad entre los creyentes. Por la fe en
la proclamación de la Palabra escuchamos la voz de Cris-

---

[118] Benedicto XVI, Enc. *Deus caritas est* (25 de diciembre de
2006) 14: *AAS* 98 (2006) 229. Cf. Benedicto XVI, Ex. apost. *Sacramentum caritatis* (22 de febrero de 2007) esp. 88-89: *AAS* 99
(2007) 172-174.

to.[119] También aflora la dimensión profética de la fe. Una Palabra poderosa, capaz de transformar el mundo, tal y como acontece en el seno de la celebración eucarística con los dones que se presentan y la asamblea que celebra. Así, da comienzo la transformación escatológica, de la que la Iglesia, cuerpo de Cristo, es un anticipo.

107. [*Dimensión pneumática de la fe*]. La índole pneumática de los sacramentos aparece con claridad meridiana en la celebración eucarística. En el actual rito latino se da una doble *epíclesis*. La primera sobre los dones, que se transformarán en el cuerpo entregado y la sangre derramada de Jesucristo. La segunda sobre la asamblea, que, a su vez, también se transforma en el cuerpo de Cristo, entrando en viva comunión con los todos los santos. Esta comunión ya se advierte en el solemne canto del *sanctus*, en el que las voces del cielo y la tierra se unen en común alabanza. Por eso, en la liturgia eucarística tomamos parte en la liturgia celestial (cf. SC 8). Por lo tanto, la dimensión pneumática de la fe eclesial entra en juego de modo sustantivo en la eucaristía e ilumina la fuerza que posee el Espíritu para transformar tanto al creyente como la realidad mundana, elevarlos y conducirlos a la comunión y la alabanza divinas.

108. [*Fe como adhesión al misterio*]. Tras las palabras de la consagración, el celebrante proclama: «Mysterium

---

[119] «Cuando se leen en la Iglesia las Sagradas Escrituras, Dios mismo habla a su pueblo, y Cristo, presente en su palabra, anuncia el Evangelio» (*Ordenación General del Misal Romano*, § 29).

fidei»[120] (misterio de la fe). Esta aclamación solemne es, al mismo tiempo, una afirmación, un anuncio y una invitación dirigida a todos. Hasta tal punto la eucaristía es un misterio de fe, que sin fe no puede ni comprenderse ni tampoco celebrarse. La aclamación manifiesta que la verdad sacramental de lo que se celebra, que las especies del pan y del vino se hayan convertido en el cuerpo y la sangre de Cristo, es propiamente un misterio de fe. Igual que los ojos de la fe percibían en Jesús de Nazaret al Mesías de Dios, así también esos mismos ojos perciben ahora la presencia sacramental de Jesucristo.[121] El misterio de Cristo se conoce por la revelación (cf. 1Cor 2,7-11; Col 1,26-27; 2,2; Ef 1,9; 3,3.9) y la fe.

109. [*Fe como reconocimiento de la economía sacramental*]. En la recitación de la solemne plegaria eucarística, se rememoran en acción de gracias y en súplica los grandes hitos de la economía sacramental: desde la creación hasta la consumación escatológica final. En particular, se hace memoria de la entrega del Señor Jesús en la Cruz, de su Resurrección y del significado que el mismo Señor

---

[120] Canon romano, en el *Misal Romano,* 3ª ed. típica, § 112. Véase el comentario de BENEDICTO XVI, Ex. apost. *Sacramentum caritatis* (22 de febrero de 2007) 6: *AAS* 99 (2007) 109-110.

[121] Cf. TOMÁS DE AQUINO, *STh* III, q.76 a.7. El conocido himno, *Adoro te devote,* expresa magníficamente lo que decimos. He aquí un ejemplo: «In cruce latébat sola Déitas, / At hic látet simul et humánitas; / Ambo támen crédens átque cónfitens, / Peto quod petívit latro pœnitens» (*Rituale Romanum de sacra communione et de cultu mysterii eucharistici extra missam,* Ciudad del Vaticano 1973, § 198, p. 61-62).

otorgó a su muerte redentora en el marco de la Última Cena. La fe en el conjunto de la economía divina se educa y refuerza en la liturgia eucarística.

110. [*Dimensión escatológica de la fe*]. En la celebración sacramental del misterio se dan cita el pasado, memoria de lo sucedido; el presente, presencialización de lo acontecido; y el futuro, anticipación de la plenitud final que aguardamos.[122] La novedad escatológica iniciada por el Verbo mediante su encarnación, vida, muerte y resurrección ya ha comenzado a realizarse en la cristificación de la asamblea y del mundo que acontece en la eucaristía.

111. [*Fe y comunión con Cristo*]. La comunión, como su nombre indica, expresa una íntima unión con Cristo, mediante el Espíritu, imposible sin la fe. No se puede comulgar íntimamente con alguien ignorándolo o en contra de la propia voluntad. La fe que responde con la palabra «amén» a los dones eucarísticos está relacionada con la disposición no solamente a recibir el sacramento, sino a representarlo. Con esta comunión con Cristo acontece la santificación personal del cristiano, concomitante de la

---

[122] FRANCISCO, Enc. *Lumen fidei* (29 de junio de 2013) 44: *AAS* 105 (2013) 584-585. Una famosa antífona lo recoge espléndidamente: «O sacrum convivium in quo Christus sumitur: recolitur memoria passionis ejus: mens impletur gratia: et futurae gloriae nobis pignus datur» («Ad Magnificat, antifona. Ad II Vesperas Sanctissimi Corporis et Sanguinis Christi», en *Liturgia Horarum iuxta ritum romanun*, vol. III, *Tempus per annum. Hebdomadae I-XVII*, Ciudad del Vaticano 2000, 54).

comunión de vida con Cristo. Esta santificación implica necesariamente un envío.

112. [*Carácter misionero de la fe*]. El envío final con el que termina la eucaristía, «Ite, missa est»,[123] supone un regreso misionero a la vida ordinaria, para hacer presente en ella la vida recibida en el sacramento, para hacerse eucaristía para el mundo a semejanza de Cristo y a su modo. De hecho, en la ofrenda eucarística no solamente se ofrece Jesucristo a sí mismo, sino que también cada creyente que participa en la eucaristía se ofrece también a sí mismo junto con Cristo (cf. SC 48; LG 11; Rm 12,1). La ofrenda personal, la aceptación del envío y su ejercicio no pueden acontecer sin la fe. Todo lo que el fiel cristiano recibe en el sacramento: el perdón de los pecados veniales, la renovación del bautismo, la predicación de la Palabra, la comunión con Cristo y la transformación en el cuerpo de Cristo mediante el Espíritu Santo, implica un fortalecimiento que le capacita para ahora, cristificado, testificar en el mundo la fe y transformar la realidad según el designio divino. Así, tras el acontecimiento de la recepción del don del Padre, por la entrega del Hijo acogido en el Espíritu, que acontece en cada eucaristía, el cristiano es expresamente enviado en misión al final de la celebración.

113. [*Fortalecimiento de la fe personal*]. La fe del creyente se ve enriquecida, robustecida y fortalecida con la

___

[123] *Misal Romano*, rito de conclusión; se puede ver en *Appendix Missalis Romani*, Madrid 2017, § 96 (p. 50).

íntima comunión con Cristo. El ser eclesial de quien participa de la eucaristía, su inserción en el cuerpo visible de Cristo, se actualiza e intensifica. La incorporación a Cristo es de tal calibre, que Agustín les dice a los fieles: «si sois miembros del cuerpo de Cristo, vuestro misterio reposa sobre la mesa del Señor (…) sed lo que veis, y recibid lo que sois».[124] En suma, desde la fe reconocemos que la eucaristía supone el modo más intenso de presencia de Cristo entre nosotros, pues es presencia real, corporal y substancial.[125] Por eso mismo, la participación plena en la eucaristía desde la fe implica la máxima comunión con Cristo.

114. [*Construcción del cuerpo eclesial*]. En la eucaristía no solamente se fortalece la fe individual del creyente, sino que en ella se genera la Iglesia:[126] Cristo, que a ella se entrega en sacrificio como a su Esposa amada, la constituye en su cuerpo.[127] La comunión entre las Iglesias, el participar de la misma fe recibida, se expresa mediante la comunión eucarística siguiendo una antiquísima tradición. La Iglesia de suyo es el cuerpo de Cristo, constituido como tal por designio divino, gracias a la acción

---

[124] «Si ergo vos estis corpus Christi et membra, mysterium vestrum in mensa Dominica positum est […] Estote quod videtis, et accipite quod estis» (AGUSTÍN, *Sermo* 272; PL 38, 1247s).

[125] SAN PABLO VI, Enc. *Mysterium fidei* (3 de septiembre de 1965) 5: *AAS* 57 (1965) 764.

[126] Cf. SAN JUAN PABLO II, Enc. *Ecclesia de Eucharistia, passim* (17 de abril de 2003): *AAS* 95 (2003) 433-475.

[127] Cf. BENEDICTO XVI, Ex. apost. *Sacramentum caritatis* (22 de febrero de 2007) 14 y 27: *AAS* 99 (2007) 115-116 y 127.

trinitaria sacramental. Este cuerpo realiza lo que es cuando proclama la fe recibida, santifica la historia, canta las alabanzas de la Trinidad y se empeña misioneramente en la proclamación del Evangelio con palabras y obras.

115. [*Eucaristía: máxima expresión de la fe sacramental*]. Por lo tanto, podemos concluir afirmando que: «La naturaleza sacramental de la fe alcanza su máxima expresión en la eucaristía, que es el precioso alimento para la fe, el encuentro con Cristo presente realmente con el acto supremo de amor, el don de sí mismo, que genera vida».[128]

116. [*Necesidad de la fe para la participación en la celebración eucarística*]. La amonestación de Pablo a los cristianos de Corinto resulta especialmente ilustrativa. No puede comulgar con la sangre ni con el cuerpo de Cristo quien está involucrado en conductas idolátricas (1Cor 10,14-22). La comunión con «la mesa del Señor» pide no solamente haber sido iniciado a la fe cristiana y ser miembro del Cuerpo de Cristo, sino también una coherencia de vida con lo que ahí se significa. De igual modo, una conducta tan incoherente con la fe cristiana como la división comunitaria, la falta notable de caridad con los hermanos (1Cor 11,21) resulta incompatible con «comer la Cena del Señor» (1Cor 11,20). Lo cual obliga a discernir si se vive en una línea fundamental de conformidad con

---

[128] FRANCISCO, Enc. *Lumen fidei* (29 de junio de 2013) 44: *AAS* 105 (2013) 584.

lo que se celebra (1Cor 11,29). En resumen, la participación eucarística requiere una fe viva, que se manifiesta a través de la caridad y el abandono de los ídolos. La praxis eucarística requiere tanto el ejercicio de la caridad, como una conformidad doctrinal y una inserción eclesial.

117. La institución penitencial de la Iglesia antigua excluía de la comunión eucarística (no de la Iglesia) durante un tiempo a fieles que públicamente habían renegado de su fe o que habían infringido el credo y las normas de vida de la Iglesia. El pecador, convertido en ocasión de escándalo público, tras una confesión pública, era expulsado de la comunión eucarística un tiempo (excomunión), para posteriormente ser de nuevo recibido solemnemente tras haber cumplido la penitencia (reconciliación). Así se hacía visible que la penitencia no solamente aprovechaba para la reconciliación del pecador con Cristo, sino también para la purificación de la Iglesia. El penitente se entiende a sí mismo como piedra de una Iglesia que ha de ser luz del mundo. Al dejar de serlo por causa de un pecado público, se hacía necesario en cierto modo extraerla (excomunión), «repararla» mediante la penitencia y volver a colocarla (reconciliación).[129] A pesar del cambio en el modo de celebrarse la penitencia, que ya no es pública, la teología de fondo no ha cambiado. Sin embargo, esta estrecha correlación entre penitencia y eucaristía se ha desdibujado hoy en día en muchos ambientes practicantes.

[129] Cf. HERMAS, *El Pastor,* Comp. IX (Funk, 211 y ss.).

## c) Problemática actual

118. Muchos de los que se consideran católicos estiman excesiva la asistencia regular a la eucaristía dominical. Otros mantienen la práctica de la comunión frecuente o siempre que asisten a la eucaristía, sin acudir alguna vez al sacramento de la confesión. No pocos toman la eucaristía como una devoción personal, a su libre disposición según las propias necesidades o sentimientos. En las grandes fiestas litúrgicas, especialmente la Navidad, la Pascua o algunas fiestas locales de gran raigambre, así como en algunas celebraciones singulares (bodas y funerales) acuden fieles no habituales que participan en la eucaristía, comunión incluida, con toda tranquilidad de conciencia y se despiden hasta el año siguiente o la siguiente ocasión excepcional. Estas prácticas, aunque teológicamente inconsistentes, reflejan el influjo persistente de la fe cristiana en personas poco practicantes o alejadas. Este resto de impregnación cristiana, aunque con desviaciones, puede ser un punto de partida para una reinserción eclesial más consciente y ofrece la posibilidad de reavivar una fe mortecina. Sin embargo, también manifiestan, en su ambivalencia, cómo de muchas maneras se da una distancia entre lo que la Iglesia profesa que se celebra en la eucaristía, los requisitos para participar plenamente en la misma, las consecuencias que comporta en la vida ordinaria y lo que muchos creyentes buscan en celebraciones ocasionales o esporádicas de la eucaristía.

## d) Luces a partir de la Tradición

119. Desde la época más antigua se establecen condiciones para la recepción de la eucaristía. Como hemos indicado, Pablo advierte a quienes se acercan a la eucaristía: «quien come y bebe sin discernir el cuerpo, come y bebe su condenación» (1Cor 11,29), poniendo de relieve unas exigencias indispensables. Del evangelio de Juan se puede inferir que una recepción de las especies sacramentales sin fe, esto es sin Espíritu, no aprovecha para nada, pues requiere la fe (cf. Jn 6,63-69). Justino Mártir menciona como requisitos necesarios: creer que los dones son aquello que significan, el receptor debe estar bautizado, y no debe negar la doctrina de Cristo a través de su vida.[130] La recién citada exhortación paulina resuena de nuevo en la *Didaché*: «¡Si alguno es santo, venga!; ¡el que no lo sea, que se convierta!»,[131] y de modo parecido en las *Constituciones apostólicas*.[132] También se refleja en la invitación litúrgica «lo santo a los santos»,[133] que ya fuera comentada por Teodoro de Mopsuestia. Con los «santos» se refiere, en primer lugar, como ya hiciera Pablo,

---

[130] 1 *Apol.* 66s (Wartelle, 190s).

[131] *Didaché*, 10,6; 9,5 (Funk, 6; 5).

[132] *Constituciones apostólicas*, VII, 26,6 (SCh 336, 57): «Si uno es santo, que se acerque; pero el que no sea, que llegue a serlo mediante la penitencia».

[133] Presente en: *Liturgia de san Juan Crisóstomo* (67); *Liturgia de san Basilio* (131); *Liturgia de los dones presantificados* (168). Las páginas se refieren a: *Liturgikon. La divina Liturgia de San Juan Crisóstomo, de san Basilio, de los Dones Presantificados*, Madrid 2016.

a los bautizados, los que viven con la Iglesia. Este sentir se manifiesta tanto en las homilías de Juan Crisóstomo[134] como en Cipriano: no se puede disociar la comunión con Cristo de la comunión con la Iglesia.[135] El doctor de la eucaristía exige a sus sacerdotes en caso necesario rechazar a algunas personas.[136] También Agustín, con igual claridad, advierte que el alimento sacramental produce efecto salvífico y vida solamente cuando se come «espiritualmente», con fe en su contenido invisible, y con una conciencia recta,[137] esto es, una vida que se corresponde al amor a Cristo y a sus miembros.

120. La teología escolástica denomina a esta disposición «fe formada *(fides formata)*», una fe configurada por el amor[138] (cf. §§ 62-64). En este sentido, Tomás de Aquino distingue: el contenido de este sacramento solamente se puede recibir en la fe, puesto que es un «sacramento de la *fe (mysterium fidei)*».[139] La «infidelidad *(infidelitas)*» hace inepto en grado eminente para la recepción del sacramento, puesto que la increencia «separa de la

---

[134] JUAN CRISÓSTOMO, *Hom. In Matth.* 82,4 (PG 58, 743): fe en la presencia real; *hom.* 25,3 (PG 57, 330 s.); *hom.* 7,6 (PG 57, 79 s.). *Super Rom. Hom.* 8(9),8 (PG 60, 464-466): amor al prójimo. *Super Hebr.* 17,4-5 (PG 63, 131-134).

[135] CIPRIANO, *Epistula* 57,2 (CSEL 3/2, 651-652).

[136] JUAN CRISÓSTOMO, *In Matth. Hom.* 82,5. 6 (PG 58, 743-746): responsabilidad del sacerdote en la administración.

[137] AGUSTÍN, *In Johannis ev.,* XXVI,11 (CCSL 36, 264 s.).

[138] TOMÁS DE AQUINO, *STh* III, q.80 a.4.

[139] Cf. también BUENAVENTURA, IV *Sent. dist.* 9 a.1 qq.1-4: sacramentaliter, spiritualiter manducare.

unidad de la Iglesia»;[140] unidad que la eucaristía significa. En determinadas circunstancias, no obstante, cuando «quiere recibir lo que la Iglesia da», en ese caso recibe el sacramento, incluso aunque su fe sea deficitaria respecto a sus contenidos.[141] Alguien que cree en la presencia de Cristo en la eucaristía, pero no se encuentra en estado de gracia, recibe el sacramento, pero comete un pecado grave.[142] Tomás argumenta que se ha cometido una mentira (*falsitas*): lo que el sacramento expresa, el amor que une a Cristo con sus fieles, no se da en el receptor.[143] Tomás cae en la cuenta de que para una participación fructífera en el bautismo y en la eucaristía se requiere en cada caso *un grado diverso de disposición generada por la fe*. Para el bautismo basta la intención de recibir lo que la Iglesia da. En la comunión, sin embargo, es preciso comprender el sacramento en cuanto tal y creer.[144]

---

[140] TOMÁS DE AQUINO, *STh* III, q.80 a.5 ad 2.

[141] «Si infidelis sumat species sacramentales,corpus Christi sub sacramento sumit. Unde manducat Christum sacramentaliter, si ly "sacramentaliter" determinat verbum ex parte manducati. Si autem ex parte manducantis, tuncproprie loquendo non manducat sacramentaliter; quia non utitur eo quod accipit ut sacramento, sed ut simplici cibo. Nisi forte infidelis *intenderet recipere* illud quod Ecclesia confert, licet non haberet fidem veram circa alios articulos vel etiam hoc sacramentum» (TOMÁS DE AQUINO, *STh* III, q.80 a.3 ad 2; subrayado nuestro).

[142] Cf. TOMÁS DE AQUINO, *STh* III, q.79 a.3.

[143] «Quicumque ergo hoc sacramentum sumit, ex hoc ipso significat, se esse Christo unitum et membris eius incorporatum. Quod quidem fit per fidem formatam» (TOMÁS DE AQUINO, *STh* III, q.80 a.4).

[144] TOMÁS DE AQUINO, *Sent.* IV dist. 9 q.1 a 2 q.2 ad 2;

121. En las tradiciones litúrgicas, particularmente del oriente, se percibe con claridad esta interconexión entre la fe, el amor y la recepción de la eucaristía, por ejemplo, en la convocatoria a la comunión del pueblo: «Acercaos con fe, caridad y temor de Dios».[145] En la liturgia de san Juan Crisóstomo y en la de san Basilio tanto el diácono, como el sacerdote y el pueblo recitan una confesión de fe cristológica expresa ante Cristo, presente en cuerpo y sangre, justo antes de comulgar: «Creo, Señor, y confieso que tú eres Cristo, el Hijo del Dios vivo, el que vino al mundo para salvar a los pecadores. Creo también que este es tu Cuerpo inmaculado y esta es tu preciosa Sangre…».[146] La tradición siriaca, testificada por Efrén, entiende que las promesas ligadas a los dos árboles del Edén (Gn 2,17; 3,22) se han de cumplir verdaderamente. La equivocación inicial al comer del «árbol del conocimiento del bien y del mal» produjo una caída, que luego hubo de enderezarse. El comer del «árbol de la vida» se hace realidad en la comunión eucarística con la ofrenda eucarística de Cristo en el árbol de la cruz.[147] En la celebración eucarística la liturgia de la Palabra se convierte en un fructífero y corrector comer del «árbol del conocimiento del bien y del mal». Después de esa co-

cf. *STh* III, q.79 a.7 ad 2; a.8 ad 2 (este último sobre la diferencia entre el bautismo y la eucaristía).

[145] *Liturgikon*, 73.

[146] *Liturgia de san Juan Crisóstomo* (*Liturgikon*, 69-73); *Liturgia de san Basilio* (*Ibid.*, 133-135). De modo semejante la liturgia copta: *Die koptische Liturgie*, ubers. und kommentiert von Karam Khella, [1989], 186.

[147] *In Genesim*, II, 23 (CSCO 152, 39; 153, 29-30).

mida correcta, todos están invitados a comer del «árbol de la vida» en la comunión eucarística.

e) Propuesta pastoral: fe para la eucaristía

122. El bautismo supone el comienzo de una peregrinación, cuya culminación solamente se alcanza en el *Éschaton*. Por este motivo, los cristianos reciben una y otra vez el sacramento de la eucaristía, alimento para el camino. Por esto la Iglesia no ha cesado nunca de reunirse para celebrar el misterio de la Pascua, de leer en este contexto «lo que se refería a él en todas las Escrituras» (Lc 24,27) y de celebrar el banquete en el que se transmite la autodonación del Salvador crucificado y resucitado en el presente de los creyentes. Ahora bien, no se puede recibir adecuadamente el don que implica el sacrificio existencial de Cristo si no se está dispuesto a dejarse configurar existencialmente por este don desde la fe. Sin la fe ni Pilato ni los soldados romanos ni la plebe captaron cómo en la muerte en cruz de Jesucristo Dios estaba reconciliando consigo al mundo (2Cor 5,19); sin la fe no se percibe que el que colgaba del madero es el Hijo de Dios (Mc 15,39). La mirada creyente ve salir no solamente sangre y agua del costado traspasado, sino la Iglesia, fundada en el bautismo y en la eucaristía (cf. Jn 19,34). La sangre y el agua que manan de ahí son la fuente y el poder de la Iglesia.[148] El Hijo de Dios se convierte

---

[148] EFRÉN, *Comentario sobre el Diatessaron,* XXI,11 (CSCO 137, 145; 145, 227-228).

verdaderamente en «Emmanuel» en cada cristiano por la participación en el cuerpo y la sangre de Cristo.[149]

123. [*Fe sacramental y eucaristía*]. Sin una fe sacramental, la participación en la eucaristía, especialmente la comunión, carece de sentido. La eucaristía no se refiere a una relación indiferenciada o genérica con la divinidad. La fe sacramental que interviene en la celebración de la eucaristía es una fe trinitaria. En la eucaristía profesamos una relación viva con el Dios trinitario: agradecemos al Padre el don recibido de la salvación, acontecido mediante la entrega de su Hijo en la fuerza del Espíritu, que ahora se rememora y actualiza en la celebración.

124. La fe sacramental supone que se reconoce una acción tal de la Trinidad, que el banquete eucarístico se percibe como una auténtica anticipación del banquete escatológico futuro. La fuerza de Dios ya irrumpe, transforma y santifica a los creyentes, haciendo de ellos conciudadanos de los santos (Ef 2,19) y ciudadanos de la Jerusalén celestial (cf. Heb 12,22; cf. Ap 21-22; Heb 11,13).

125. La fe sacramental se expresa, además, en la auto vinculación irrevocable de Jesucristo con el sacramento (*ex opere operato*) con las especies del pan y del vino consagrados mediante la invocación del Espíritu en la *epíclesis*, con el resultado de que el receptor no solamente puede esperar, sino que sabe en la fe que en un

___

[149] EFRÉN, *De virginitate,* 37,2 (CSCO 223,133).

determinado momento recibe lo que las especies consagradas significan.

126. La fe sacramental también implica la sacramentalización del mismo receptor: no solamente recibe un sacramento, él mismo se convierte en cierto sentido en un «sacramento», en el sentido de que se ha obrado una intensa conformación con Cristo por la acción del Espíritu y ahora vive en una estrecha unión con Cristo y la Iglesia, que le faculta para ofrecerse a Dios como un sacrificio vivo y espiritual (cf. Rm 12,1) y para testimoniar la vida cristiana. Dicho con imágenes, en una piedra viva de la comunidad confesante, de la que el Concilio Vaticano II dice que es medio e instrumento de Cristo para llevar a todos los hombres a su hogar.

127. [*Fe sacramental y comunión eclesial en la eucaristía*]. Desde este punto de vista, la realización individual de la fe personal no se puede separar de la fe de la comunidad que celebra el sacramento. Se da unidad y continuidad entre lo que se celebra (*lex orandi*), lo que se cree (*lex credendi*) y lo que se vive (*lex vivendi*), en cuyo marco fluye la vida cristiana, la oración personal y la celebración sacramental. Dado que la verdad que los cristianos confiesan es una persona, Jesucristo, ha de ser representada también personalmente, por los apóstoles y sus sucesores. La comunión eucarística con Cristo de cada individuo ha de verificarse mediante la comunión de fe con el Papa y con el obispo local, nominalmente mencionados en cada celebración eucarística. Quien comulga no confiesa solamente

a Cristo, sino que también comulga con la confesión de fe de la comunidad en la que participa de la eucaristía.

128. Traducido a otras categorías, esto significa una adhesión clara y consciente a la fe de la Iglesia, que incluye de modo explícito: la fe trinitaria recogida en el credo; la fe cristológica, concentrada en el significado redentor de la muerte de Cristo, el Hijo de Dios, el Señor, «por muchos» y «por mí», y de la resurrección; la fe pneumatológica, particularmente activa y presente mediante la doble *epíclesis,* fundamental en la celebración; y la fe en lo que significa la eucaristía como sacramento del cuerpo de Cristo y del cuerpo eclesial. Todo ello encuadrado en un itinerario creyente, que aspira, confiando en la fuerza poderosa del Espíritu y su auxilio permanente, a conformar la propia vida con el misterio de Cristo y a testificarlo con alegría en medio de las vicisitudes de la vida. En este camino, el cristiano acude con frecuencia al alimento eucarístico, a recibir el don de la comunión con Cristo, para seguir creciendo en fe, en esperanza y en amor hasta la vida eterna.

129. [*Incoherencia de la participación eucarística sin fe en lo que celebra*]. La participación plena en la eucaristía significa la comunión con el cuerpo de Cristo (cf. LG 3) y de la Iglesia. No parece posible acercarse a la misma con coherencia: si no se reconoce lo que significa la presencia sacramental de Cristo en la eucaristía; si se rechaza la fe trinitaria de la Iglesia, invocada en diversos momentos durante la celebración, rubricada con la recitación del

credo; si la caridad cristiana sufre graves deficiencias en la vida personal; si se ha cometido algún acto consciente y deliberado en una materia que compromete seriamente lo que dice la fe y la moral eclesial (pecado mortal[150]).

130. [*Caminos de crecimiento*]. Quien está en camino con Cristo acude a la eucaristía dominical no porque sea una obligación establecida por la Iglesia, sino desde el deseo de ser fortalecido por la misericordia amorosa del Señor. Este deseo incluye la disposición a la necesaria reconciliación sacramental con Cristo y la Iglesia, cuando sea precisa. Ahora bien, incluso sin la presión emotiva del deseo, quien participa de la fe católica sabe que se ha unido a una comunidad con una estructura sacramental. Por eso también es consciente de que su participación sacramental y, en concreto, la eucarística forma parte del testimonio público al que se ha comprometido libremente: a testificar la realidad sacramental de la fe, para hacer patente la visibilidad de la gracia y así fortalecer la sacramentalidad de la Iglesia, su comunidad de pertenencia.

131. Debido a la causalidad recíproca que hay entre la fe y la eucaristía, en ámbitos donde no hubo o no hay habitualmente celebración de la misa y catequesis sacramental, por límites de la institución eclesial, se hace más difícil descubrir el sentido de la praxis eucarística dominical. A la vez, la falta de participación frecuente en la mesa de la Palabra de Dios y del Cuerpo de Cristo, por

---

[150] Cf. *Catecismo de la Iglesia Católica*, §§ 1855-1861.

fallos personales o pastorales, es una carencia que dificulta el crecimiento hacia una fe sacramental más plena. Además de cuidar las celebraciones eucarísticas en todos sus extremos, conforme a lo que en ellas se significa, procede proponer caminos para la reinserción en la fe eclesial, cuando se haya perdido, que culminen en la eucaristía como colofón de este retorno; y otro tipo de celebraciones no eucarísticas y espacios de encuentro, oración y catequesis para personas con una impregnación cristiana difusa, cuya evangelización no haya madurado aún para participar de modo consciente en la eucaristía.

# 4.
# LA RECIPROCIDAD ENTRE FE Y MATRIMONIO

132. [*Problemática*]. Si hay un sacramento en el que la reciprocidad esencial entre fe y sacramentos se pone a prueba este es el matrimonio por diversos motivos. En la misma definición del sacramento del matrimonio, según la Iglesia latina, la fe no aparece de modo explícito (cf. § 143). Queda presupuesta, por así decirlo, por el hecho previo del bautismo, el sacramento de la fe por antonomasia. Además, para la validez del matrimonio entre bautizados en la Iglesia latina no se requiere la intención de celebrar un sacramento:[151] el deseo o la conciencia de la sacramentalidad de la unión matrimonial, sino solamente la intención de contraer un matrimonio natural, es decir, conforme con el orden de la creación, con las propiedades que la Iglesia considera inherentes al matrimonio natural. Dentro de esta comprensión del matrimonio le incumbe a la teología dilucidar el complejo caso de los matrimonios entre «bautizados no creyentes». Una defensa a ultranza de la sacramentalidad de dichas uniones socavaría la esencial reciprocidad entre fe y sacramentos, como propia de la economía sacramental, sosteniendo, al menos en el caso del matrimonio, un automatismo sacramental que venimos rechazando como impropio de la fe cristiana (cf. *supra* cap. 2).

---

[151] Cf. CIC, can. 1099.

133. [*Planteamiento*]. Conscientes de la dificultad de la cuestión planteada bajo la rúbrica «reciprocidad entre fe y matrimonio», procederemos del siguiente modo. Primero, dado que, aun compartiendo un tronco común, se dan diferencias notables en la teología del matrimonio entre la tradición latina y la oriental, nos centramos en exclusiva en la comprensión latina. La rica tradición oriental posee una fisonomía propia. Señalamos algunos aspectos distintivos entre ambas. Mientras que en la teología latina predomina la comprensión de que los cónyuges son los ministros del sacramento y que este acontece mediante el mutuo consentimiento libre de los cónyuges, para la tradición oriental la bendición del obispo o del sacerdote pertenece de suyo a la esencia del sacramento.[152] Solo al ministro sagrado se le ha conferido la facultad de invocar al Espíritu (*epíclesis*) para que éste realice la santificación inherente al sacramento. Posee una regulación canónica propia completa.[153] Esto es debido a una concepción del sacramento del matrimonio que brota de una teología con personalidad y perfil propio, en la que se ponen en primer plano los efectos santificadores del sacramento.[154]

---

[152] Cf. CCEO, can. 828.

[153] Cf. CCEO, *Titulus XVI: De cultu divino et praesertim de sacramentis. Caput VII: De matrimonio,* can. 776-866.

[154] «Ex Christi institutione matrimonium validum inter baptizatos eo ipso est sacramentum, quo coniuges ad imaginem indefectibilis unionis Christi cum Ecclesia a Deo uniuntur gratiaque sacramentali veluti consecrantur et roborantur» (CCEO, can. 776, § 2).

134. Segundo, tratamos, según la metodología acostumbrada (cf. § 80), con sus adaptaciones, el caso ordinario del sacramento del matrimonio. Seguidamente indagamos la cuestión dudosa acerca de la cualidad sacramental de los matrimonios entre «bautizados no creyentes», en un doble paso: el estado de la cuestión y una propuesta teológica de solución, congruente con la reciprocidad entre fe y sacramentos sostenida, que no reniegue de la teología matrimonial vigente.

### 4.1. *El sacramento del matrimonio*

a) Fundamentación bíblica

135. [*El matrimonio en el designio divino*]. Aunque cada sacramento posee una singularidad específica, el caso del matrimonio descuella por su particularidad. El matrimonio en cuanto tal pertenece al orden creatural, dentro del designio divino (cf. GS 48). La realidad natural del matrimonio se apoya sobre la capacidad relacional entre las personas de sexo diferente, varón y mujer (Gn 1,27), estrechamente ligada a la fecundidad (Gn 1,28), que culmina en una forma tal de unión que forman «una sola carne» (cf. Gn 2,23-24). La interlocución sacramental de Dios a lo largo de la economía divina de la salvación encuentra aquí una realidad, creada por Dios a su imagen, a imagen del Dios trinitario,[155] muy capaz de expresar por

---

[155] Cf. COMISIÓN TEOLÓGICA INTERNACIONAL, *Comunión y servicio: La persona humana creada a imagen de Dios* [2004], §§ 32-33, 39.

sí misma la relación amorosa, de alianza, entre Dios y el pueblo, su esposa, siempre representado simbólicamente por una mujer. En la perspectiva cristiana, esta realidad creatural se convierte en sacramento, en signo visible del amor de Cristo por la Iglesia (Ef 5,25. 31-32).

136. [*El matrimonio en la enseñanza de Jesús*]. Frente a la práctica del repudio (Dt 22,19. 29; 24,1-4), Jesús reitera el proyecto original de Dios: «Lo que Dios ha unido, que no lo separe el hombre» (Mc 10,9 y Mt 19,6; cf. Gn 2,24; 1Cor 6,16), aclarando que el repudio fue una concesión debida a la dureza de corazón (Mc 10,5 y Mt 19,8). A lo largo de la historia ha sido muy controvertida la interpretación de la cláusula mateana: «quien repudia a su mujer, no por uniones ilegítimas (πορνεία), y se casa con otra, comete adulterio» (Mt 19,9; cf. 5,32). Tras innumerables discusiones no se ha llegado a un consenso ni sobre la *porneia* ni sobre las precisas consecuencias que tendría. La Tradición latina siempre ha excluido la posibilidad de una segunda unión por este motivo,[156] subsiguiente a una primera unión válida (cf. Mc 10,10-11), lo cual concuerda con la perplejidad de los discípulos según el texto de Mateo (Mt 19,10).

137. [*El matrimonio y el* «mystérion»]. La misma presencia de Jesús en las bodas de Caná (Jn 2,1-12), con todo su significado de bodas mesiánicas, junto con otras

---

[156] Cf. Concilio Ecuménico de Trento, Sesión vigesimocuarta. *Cánones sobre el sacramento del matrimonio,* can. 7 (DH 1807).

alusiones de carácter nupcial (Mt 9,15 y par.; Mt 25,5-6), acentúan la capacidad de la relación conyugal para expresar aspectos profundos del misterio de Dios, como por ejemplo su fidelidad frente a nuestra infidelidad a su alianza (cf. Ez 16 y 23; Os 2; Jer 3,1-10; Is 54). La carta a los efesios (5,31-32) correlaciona la alianza matrimonial expresamente con el «mystérion» (*sacramentum*) de la alianza irrevocable entre Cristo y la Iglesia. A partir del conjunto del testimonio bíblico, la Iglesia ha considerado la indisolubilidad como elemento fundamental tanto del matrimonio natural como del matrimonio entre cristianos. La unión entre varón y mujer, indisoluble por naturaleza, realiza su verdad en la fidelidad y el bien de la prole. Tras la recepción del bautismo (de la configuración de los cónyuges con Cristo y su santificación por la inhabitación del Espíritu) en cierto modo se convierte por sí misma en una representación sacramental de la fidelidad de Cristo.[157] El amor entre los cónyuges cristianos no es ajeno a la nueva fuente de su vida cristiana y de su fe. En la vida cristiana fe y amor no se pueden disociar de modo absoluto.

138. [*El matrimonio: cualificado por la fe*]. Siguiendo a san Pablo, la Iglesia también ha entendido la relación conyugal como algo muy cualificado por la presencia de la fe (cf. 1Cor 7,12-16). Para el caso del matrimonio de un cristiano con un no cristiano Pablo dice lo siguiente:

[157] Cf. AGUSTÍN, *De nuptiis et concupiscentia*, I,X,11 (CSEL 42, 222-224; PL 40, 420).

«El marido no creyente queda santificado por su mujer, y la mujer no creyente queda santificada por el marido creyente» (1Cor 7,14). En este pasaje (esp. 1Cor 7,15), se fundamenta el llamado privilegio paulino, en el que se vislumbra una cualificación superior, en el orden de la gracia, del matrimonio sacramental sobre el natural.

b) Luces a partir de la Tradición

139. El típico «casarse en el Señor», propio de los cristianos, se ha ido expresando de modo diverso a lo largo de la historia. Según la *carta a Diogneto*, al principio los cristianos no se diferenciaban: «Se casan como todos».[158] Sin embargo, pronto fue evolucionando. Ya Ignacio de Antioquía sostiene la conveniencia de comunicar el enlace al obispo.[159] Tertuliano, por su parte, alaba las uniones que la Iglesia bendice.[160] Más allá de la interpretación precisa del alcance de las expresiones de estos primeros teólogos, se pone de relieve cómo el acontecimiento del matrimonio no era ajeno ni a la fe de los contrayentes ni a la comunidad eclesial. A partir de los siglos IV y V la bendición eclesial, en la figura de un ministro, era costumbre asentada.[161] A partir de esta época

---

[158] *Ep. ad Diognetum*, 5,6 (Funk, 137).
[159] *Ep. ad Polycarpum*, 5,2 (Funk, 107; FuP 1, 186).
[160] *Ad Uxorem* II,8 (CCSL 1, 393; SCh 273, 148).
[161] Cf. GREGORIO NACIANCENO, *Ep.* 231 (PG 37, 373); AMBROSIASTER, *Comm. in Epist. I ad Cor.* 7,40 (PL 17, 225); ID., *Comm. in Epist. I ad Tim.* 3,12 (PL 17, 470); PSEUDO-AGUSTÍN, *Quaest. Novi et Veteris Testamenti*, CXXVII (CSEL 50, 400); AMBROSIO, *Epist. 19*

se va gestando una liturgia cristiana propia,[162] que integra costumbres típicamente paganas y las transforma, como es el caso de la «velatio»,[163] la coronación,[164] la entrega de la esposa, la unión de las manos,[165] la bendición de los anillos, de las arras o el beso de los desposados; a la vez que añade otras, como la presentación a los esposos de la «copa común», propia de la liturgia bizantina.[166] La liturgia matrimonial, en sus oraciones y la interpretación de los gestos, expresa el puesto singular del matrimonio en la economía divina, con alusiones a los textos bíblicos sobre el matrimonio. Tanto Pedro Lombardo como el II concilio de Letrán consideran el matrimonio como sacramento; algo que rubricarán tanto el concilio de Florencia como el de Trento con toda rotundidad.[167]

*ad Vigilium trident.*, 7 (PL 16, 984-985); *Predestinatus,* III, 31 (PL 53, 670).

[162] Cf. Sacramentario *Reginensis,* 316 (*Rerum ecclesiasticarum documenta, series major,* Fontes 4, ed. L.K. Mohlberg, 1447, 1449, 1453); *Hanc igitur* del Sacramentario *Veronense,* 85 (Mohlberg, 1107).

[163] Cf. Sacramentario de *Hadrianum,* 836 (ed. J. Deshusses); PAULINO DE NOLA, *Carmen* 25,199-232 (CSEL 30, 244-245).

[164] Cf. JUAN CRISÓSTOMO, *In I Tim.* Cap. II, hom. IX,2 (PG 62, 546).

[165] Cf. GREGORIO NACIANCENO, *Ep.* 193 (PG 37, 316-318).

[166] Para más detalles, cf. A. Raès, *Le mariage, sa célébration et sa spiritualité dans les Églises d'Orient,* Chevetogne 1959; K. RITZER, *Formen, Riten und Religiöses Brauchtum der Eheschliessung in den Christlichen Kirchen des ersten Jahrtausends,* Münster 1962; B. KLEINHEYER; E. VON SEVERUS; R. KACZYNSKI (eds.), *Gottesdienst der Kirche. Handbuch der Liturgiewissenschaft* 8. *Sakramentliche Feiern* II, Regensburg 1984.

[167] PEDRO LOMBARDO, *Summa Sententiarum* IV. d. 2 y 26 (PL 192, 842 y 908); CONCILIO ECUMÉNICO II DE LETRÁN, can.

En este último concilio se determina la necesidad de la forma canónica para la validez del sacramento, sin modificar la comprensión doctrinal del mismo, mostrando así cómo se trata de una realidad eclesial y del orden de la fe que sucede «in facie Ecclesiae»,[168] frente a la doctrina de los reformadores que considera el matrimonio como un asunto meramente civil.[169] De este modo se reconoce el carácter eclesial del matrimonio, lejos de entenderlo como un asunto privado entre los cónyuges.

c) El matrimonio como sacramento

140. Si los sacramentos presuponen la fe (SC 59), el matrimonio no es una excepción: «Los pastores, movidos por el amor a Cristo, han de acoger a los novios y antes de nada fomentarán y robustecerán su fe: pues el sacramento del matrimonio la presupone y exige».[170]

23 (DH 718); CONCILIO ECUMÉNICO DE FLORENCIA, *Decreto para los armenios* (DH 1327); CONCILIO ECUMÉNICO DE TRENTO, Sesión séptima. *Decreto sobre los sacramentos. Cánones sobre los sacramentos en general,*can. 1 (DH 1601).

[168] CONCILIO ECUMÉNICO DE TRENTO, Sesión vigesimocuarta. *Cánones sobre una reforma del matrimonio. Decreto «Tametsi»* (DH 1813-1816).

[169] M. LUTERO, *De captivitate babylonica*, De matrimonio (WA 6,550); J. CALVINO, *Inst. christ.* Lib. IV, c. 19,34 (Corp. Reform. 32,1121).

[170] *Ordo celebrandi matrimonium, Praenotanda* § 16 (Typis Polyglottis Vaticanis, 1989), con referencia a CONCILIO ECUMÉNICO VATICANO II, Const. *Sacrosanctum Concilium,* 59. La misma idea de los *Praenotanda* § 7 de 1969.

Una unión matrimonial entre un varón y una mujer, ambos sin bautizar, desde el punto de vista de la fe cristiana, es una realidad creatural tremendamente valiosa, capaz de ser elevada al orden sobrenatural, por ejemplo, en el caso de una conversión ulterior de los cónyuges. Es decir, en el matrimonio «natural» se da una realidad significante abierta hacia su plena realización y finalización en Cristo. En las primeras comunidades la realidad matrimonial no se vive al margen de la fe. Los cristianos viven la alianza conyugal «en el Señor» (1Cor 7,39). Determinados comportamientos públicos y contrarios a la fe en el ámbito de las relaciones de pareja pueden llegar a ser causa de excomunión de la comunidad (1Cor 5). Pues el amor conyugal entre los esposos cristianos se ha convertido en un signo, un sacramento, que expresa el amor de Cristo a su Iglesia. Dicho signo de un amor irrevocable solamente expresa lo que significa si este mismo vínculo es indisoluble, aspecto ya presente «desde el principio», en el designio divino y que, por lo tanto, configura esencialmente la realidad de todo auténtico matrimonio en su núcleo teológico. De esta suerte, esa realidad humana tan profunda como es el amor de pareja, tan propia de nuestro ser relacional, la capacidad de donación mutua entre los cónyuges y a los hijos, expresa lo más profundo del misterio divino: el amor.

141. Dos católicos bautizados, confirmados y con una praxis eucarística habitual, dan un paso adelante bello y significativo en su vida de fe cuando celebran su matrimonio. Reciben la gracia del sacramento del matrimonio, que consiste básicamente en que ahora «mani-

fiestan y participan del misterio de la unidad del fecundo amor entre Cristo y la Iglesia (Ef 5,32), se ayudan mutuamente a santificarse en la vida conyugal y en la procreación de los hijos».[171] Sus caminos de fe sehan unido para testimoniar la fuerza del amor de Cristo a la Iglesia, para el mutuo enriquecimiento, para educar cristianamente a los hijos y para la santificación recíproca.[172] Forman una «Iglesia doméstica»;[173] «están fortificados y como consagrados por un sacramento especial» (GS 48). De esto modo dan curso concreto a la madurez de la fe propia de la confirmación, asumiendo un estado de vida cristiana (cf. LG 11) y unas responsabilidades en la comunidad cristiana. En la celebración de su matrimonio, su fe se presupone, se expresa, se alimenta y se robustece por la acción de Cristo en el sacramento, –quien «permanece con ellos» (GS 48)–, con la alianza matrimonial y con la vida familiar que ahora emprenden bajo la bendición de Dios y de la Iglesia. El matrimonio católico expresa con intensidad que es un proyecto de vida concebido y alentado desde la fe,[174] como camino de santificación recíproca, en el que los esposos ejercen el sacerdocio común

---

[171] Concilio Ecuménico Vaticano II, Const. dog. *Lumen gentium*, 11; cf. *ibid.* 41; *Catecismo de la Iglesia Católica,* § 1641-1642.

[172] Cf. Pío XI, Enc. *Casti connubii* (31 de diciembre de 1930): *AAS* 22 (1930) 583.

[173] Cf. Hch 16,15; 18,8; Concilio Ecuménico Vaticano II, Const. dog. *Lumen gentium*, 11; *Catecismo de la Iglesia Católica,*§§ 1655-1657.

[174] Cf. Francisco, Ex. apost. *Amoris laetitia* (19 de marzo de 2016) 218: *AAS* 108 (2016) 398-399.

al donarse recíprocamente el sacramento[175] (cf. LG 10). La conciencia y el propósito de ser sacramento del amor de Dios presuponen y expresan la fe personal de cada uno de los cónyuges. Así, aparece verdaderamente como un sacramento de la fe, en el que tanto Jesucristo como el Espíritu Santo, el Espíritu del Amor (cf. Rm 5,5), actúan eficazmente. El amor que los cónyuges se profesan mutuamente ya está determinado por su realidad de bautizados. La santificación que opera el sacramento impulsa ese amor sobrenatural en la realización de la comunidad conyugal y familiar.

d) La fe y los bienes del matrimonio

142. La presencia de la fe y la acción eficaz de la gracia sacramental impulsan a los cónyuges a realizar los bienes propios del matrimonio: «Esta íntima unión, como mutua entrega de dos personas, lo mismo que el bien de los hijos, exige plena fidelidad conyugal y urge su indisoluble unidad» (GS 48). La indisolubilidad (cf. GS 49) se entiende desde la fe como nota esencial de la relación conyugal, porque de otro modo se apartaría del plan original de Dios (Gn 2,23-24) y dejaría de ser signo visible del amor irrevocable de Cristo a su Iglesia. La fidelidad entre los esposos y la búsqueda generosa del bien del otro cónyuge (cf. GS 49) se vive como algo que se desprende con suavidad y congruencia desde la fe y la relación personal con el Señor Jesús. Pues la fe nos pone

---

[175] Cf. FRANCISCO, Ex. apost. *Gaudete et exsultate* (19 de marzo de 2018) 141.

en relación personal con Jesucristo, a la vez que presenta como modelo de seguimiento a Aquel que dio su vida por los pecadores (ej: Mc 10,45; Rm 5,6-8; 14,15; Ef 5,2; 1Jn 4,9-10). Los esposos cristianos desde la fe procuran traducir a su vida matrimonial y familiar la máxima según la cual «hay más dicha en dar que en recibir» (Hch 20,35). Desde la fe la fecundidad (cf. GS 50) se inscribe en el plan de Dios (Gn 1,28), uno de cuyos signos de bendición es la prole. El amor del Dios trinitario nos enseña, desde la fe, que el verdadero amor siempre incluye la máxima reciprocidad amorosa y la máxima apertura hacia el otro. Por eso, la fe impide entender el matrimonio como una especie de calculado egoísmo de pareja. Una fe activa de ambos esposos incluye la comprensión de que Dios, como autor del matrimonio, «lo ha dotado con bienes y fines varios» (GS 48) que los cónyuges cristianos se afanan por vivir y desplegar. En consecuencia, una fe viva y compartida en el ámbito de la unión matrimonial reduce la posibilidad de que tanto en cada cónyuge como en la pareja arraiguen tendencias egocéntricas o individualistas, aun a pesar de la presión ambiental de la cultura circundante.

4.2. *Una* quaestio dubia: *la cualidad sacramental del matrimonio de los «bautizados no creyentes»*

a) Planteamiento de la cuestión

143. [*Definición*]. El matrimonio es una realidad creatural. Por el bautismo el vínculo natural se eleva a signo sobrenatural: «La alianza matrimonial, por la que

el varón y la mujer constituyen entre sí un consorcio de toda la vida, ordenado por su misma índole natural al bien de los cónyuges y a la generación y educación de la prole, fue elevada por Cristo Nuestro Señor a la dignidad de sacramento entre bautizados».[176] Según la doctrina teológica y la praxis canónica actualmente vigente, todo contrato matrimonial válido entre bautizados es «por sí mismo» sacramento,[177] incluso en ausencia de fe de los contrayentes. Es decir, en el caso de los bautizados se afirma la inseparabilidad entre un contrato matrimonial válido, correspondiente con el orden creatural del matrimonio, y el sacramento. Los bautizados no podrían simultáneamente haber ingresado en el orden sacramental, por el bautismo, sin que esto afectara a una realidad tan determinante de la vida y con capacidad de significación sacramental, como es el matrimonio, que quedaría sustraído del orden sacramental, al que los cónyuges pertenecen de modo irrevocable tras el bautismo (cf. §§ 166 d y 167 d). ¿Se ha de aplicar esta doctrina también al caso de la unión matrimonial entre «bautizados no creyentes»? En este delicado asunto parece ponerse en tela de juicio la «reciprocidad entre fe y sacramentos» que venimos defendiendo. Para abordar la cuestión de modo adecuado, hemos de precisar el estado y los términos de esta de un modo más aquilatado.

[176] *Catecismo de la Iglesia Católica,* § 1601; que cita literalmente el CIC, can. 1055, § 1.

[177] «Quare inter baptizatos nequit matrimonialis contractus validus consistere, quin sit eo ipso sacramentum» (CIC, can. 1055, § 2).

144. [*«Bautizados no creyentes»*]. Entendemos por «bautizados no creyentes» aquellas personas en las que se no se da un atisbo de presencia de la índole dialogal de la fe, propio de la respuesta personal del creyente a la interlocución sacramental del Dios trinitario, tal y como expusimos en el capítulo segundo. Esta categoría engloba dos tipos de personas. Aquellas personas que recibieron el bautismo en la infancia, pero posteriormente, por las causas que fueren, no han llegado a realizar un acto personal de fe, que involucre su entendimiento y su voluntad. Se trata de un caso muy frecuente en los países tradicionalmente cristianos, donde una descristianización muy amplia de la sociedad va acompañada de una gran negligencia en la educación en la fe. También nos referimos a aquellas personas bautizadas que conscientemente reniegan de la fe de modo explícito y no se consideran creyentes católicos ni cristianos. Incluso en ocasiones realizan un acto formal de abandono de la fe católica y de separación de la Iglesia, sin que el motivo del acto de abandono formal de la Iglesia católica sea el ingreso en otra iglesia, comunidad o confesión cristiana. En ambos casos no se percibe la presencia de una «disposición a creer».[178]

145. [*Formulación preliminar de la cuestión*]. Así, la cuestión que se plantea es si dos «bautizados no creyentes» solteros de diferente sexo de cualquiera de los dos tipos

---

[178] Cf. COMISIÓN TEOLÓGICA INTERNACIONAL, *Doctrina católica sobre el matrimonio* [1977], § 2.3.

descritos se desposan mediante una celebración sacramental o mediante algún otro modo de unión válida: ¿se da un sacramento? El tema es objeto de debate y ha generado una abundante literatura. Su solución no es clara, pues entran en juego en interacción simultánea diversos elementos de gran calado. Seguidamente, recorreremos algunos jalones significativos de su desarrollo en los últimos años, en las enseñanzas de los últimos pontífices, así como de instancias eclesiales oficiales, para hacernos responsablemente con los términos de la cuestión.

b) Estado y términos de la cuestión

146. [*Comisión Teológica Internacional*]. En 1977 la Comisión Teológica Internacional elaboró un documento titulado *Doctrina católica sobre el matrimonio*. Entre los temas abordados figuran: la sacramentalidad del matrimonio, el matrimonio entre «bautizados no creyentes» y la inseparabilidad entre contrato y sacramento. Sostuvieron una serie de tesis, muy matizadas, que dejan entrever la tensión entre la convicción de la necesidad de la fe para la celebración de un sacramento y la reticencia a declarar la fe como determinante de la sacramentalidad del matrimonio. De sus afirmaciones, que no reproducimos en su totalidad, destacan para nuestro tema las siguientes.

147. La existencia de una relación constitutiva y recíproca entre indisolubilidad y sacramentalidad. Y precisaban: «la sacramentalidad constituye el fundamento

último, aunque no el único, de la indisolubilidad del matrimonio» (§ 2.2.).

148. Respecto a la interrelación entre fe y sacramento del matrimonio, sostenían que en el sacramento del matrimonio la fuente de la gracia es Jesucristo, no la fe de los sujetos contrayentes. Y acotaban: «Esto no significa, sin embargo, que en el sacramento del matrimonio la gracia sea otorgada al margen de la fe o sin ninguna fe» (§ 2.3.). La fe sería «causa dispositiva» para la fructuosidad no para la validez.

149. Sobre los «bautizados no creyentes», decían: «El hecho de los "bautizados no creyentes" plantea hoy un nuevo problema teológico y un serio dilema pastoral, sobre todo si la ausencia e incluso el rechazo de la fe parecen evidentes. La intención requerida –intención de realizar lo que realizan Cristo y la Iglesia– es la condición mínima necesaria para que exista verdaderamente un acto humano de compromiso en el plano de la realidad sacramental. No hay que mezclar, ciertamente, la cuestión de la intención con el problema relativo a la fe de los contrayentes. Pero tampoco se los puede separar totalmente. *En el fondo, la verdadera intención nace y se nutre de una fe viva.* Allí donde no se percibe traza alguna de la fe como tal (en el sentido del término "creencia", o sea disposición a creer), ni ningún deseo de la gracia y de la salvación, se plantea el problema de saber, al nivel de los hechos, si la intención general y verdaderamente sacramental, de la cual acabamos de hablar, está o no presen-

te, y si el matrimonio se ha contraído válidamente o no. La fe personal de los contrayentes no constituye, como se ha hecho ver, la sacramentalidad del matrimonio, pero la ausencia de fe personal compromete la validez del sacramento» (§ 2.3. Subrayado nuestro).

En su comentario, publicado junto con el documento, el entonces secretario de la Comisión, Mons. Ph. Delhaye, afirma: «La clave del problema está en la intención, la intención de hacer lo que hace la Iglesia al ofrecer un sacramento permanente que comporta indisolubilidad, fidelidad, fecundidad».[179]

150. Más adelante, el documento de la Comisión reafirma la inseparabilidad entre contrato y sacramento: «para la Iglesia no existe entre dos bautizados un matrimonio natural separado del sacramento, sino únicamente un matrimonio natural elevado a la dignidad de sacramento» (§ 3.5.).

151. [*San Juan Pablo II*]. A lo largo del pontificado de Juan Pablo II se ha vuelto repetidas veces sobre el tema del matrimonio de los «bautizados no creyentes» y la necesidad de la fe para el sacramento del matrimonio. La proposición número 12.4 aprobada por la V Asamblea General del Sínodo de los obispos, que versó sobre la familia, celebrado en 1980, decía: «Que se examine

---

[179] *Comentario* II (en la edición española: COMISIÓN TEOLÓGICA INTERNACIONAL, *Documentos 1969-1996,* ed. C. Pozo, Madrid 1998, 195).

más seriamente si la afirmación según la cual un matrimonio válido entre bautizados es siempre un sacramento se aplica también a los que han perdido la fe. Que se saquen de ello seguidamente consecuencias jurídicas y pastorales».[180]

152. En la exhortación postsinodal *Familiaris consortio* Juan Pablo II sostendrá de modo consecuente que el acto matrimonial queda intrínsecamente cualificado por la realidad sobrenatural a la que los bautizados pertenecen de modo irrevocable, más allá de la conciencia expresa de esta realidad.[181] Sobre nuestro tema, indica con claridad: «Querer establecer ulteriores criterios de admisión a la celebración eclesial del matrimonio, que debieran tener en cuenta el grado de fe de los que están próximos a contraer matrimonio, comporta además muchos riesgos. En primer lugar el de pronunciar juicios infundados y discriminatorios; el riesgo además de suscitar dudas sobre la validez del matrimonio ya celebrado, con grave daño para la comunidad cristiana y de nuevas inquietudes injustificadas para la conciencia de los es-

---

[180] «Las 43 proposiciones del Sínodo de los Obispos sobre la familia»: *Ecclesia* n. 2039 (18 y 25 de julio de 1981) 894. La proposición 12.4 fue aprobada con 196 votos a favor, 7 en contra y 3 abstenciones. («Les 43 propositions du Synode des évêques su la famille»: *La Documentation Catholique* 1809 [7 juin 1981] 540). Véase la proposición 12 completa, que versa directamente sobre nuestro tema.

[181] San Juan Pablo II, Ex. apost. *Familiaris consortio* (22 de noviembre de 1981) 13 y 68: *AAS* 74 (1982) 93-96 y 163-165.

posos; se caería en el peligro de contestar o de poner
en duda la sacramentalidad de muchos matrimonios de
hermanos separados de la plena comunión con la Iglesia
católica, contradiciendo así la tradición eclesial».[182]

153. A pesar de todo, no deja de reconocer la posibilidad de que los contrayentes simultáneamente pidan
la celebración eclesial del matrimonio y den «muestras
de rechazar de manera explícita y formal lo que la Iglesia
realiza cuando celebra el matrimonio de bautizados». En
ese caso sentencia: «el pastor de almas no puede admitir-
los a la celebración».[183] Podemos interpretar que porque
en ese caso no habría verdadero sacramento. Es decir,
Juan Pablo II exige unos mínimos, aunque solo sea la
ausencia de rechazo explícito y formal de lo que la Iglesia realiza. Por lo tanto, a su modo también él rechaza lo
que podemos denominar un automatismo sacramental
absoluto.[184]

154. Más adelante, en una importante alocución a
la Rota Romana (30 de enero de 2003), advirtió claramente de la inexistencia de dos tipos de matrimonios,
uno natural y otro sobrenatural: «La Iglesia no rechaza
la celebración del matrimonio a quien está *bien dispues-*

---

[182] SAN JUAN PABLO II, Ex. apost. *Familiaris consortio* (22 de
noviembre de 1981) 68: *AAS* 74 (1982) 164-165.

[183] *Ibid.,* 165.

[184] Cf. CONCILIO ECUMÉNICO DE TRENTO, Sesión sépt-
ima. *Cánones sobre los sacramentos en general,* can. 6 (DH 1606). Véase
la nota 82.

*to*, aunque imperfectamente preparado desde el punto de vista sobrenatural, con tal de que tenga *la recta intención de casarse según la realidad natural del matrimonio*. En efecto, no se puede configurar, junto a un matrimonio natural, otro modelo de matrimonio cristiano con específicos requisitos sobrenaturales».[185] Esta opinión ya había sido claramente defendida por Juan Pablo II en otra alocución a la Rota Romana (1 de febrero de 2001).[186] En el año 2001 subrayó que no se ha de solicitar la fe como requisito mínimo, algo ajeno a la tradición.[187] Ratificó los fines naturales del matrimonio y que el matrimonio consiste en una realidad natural, no exclusivamente sobrenatural. En este contexto apostilla: «oscurecer la dimensión natural del matrimonio y reducirlo a mera experiencia subjetiva conlleva también la negación implícita de su sacramentalidad».[188] Es decir, la base de todo reside en la realidad natural, creacional.

155. [*La elaboración del Código de Derecho Canónico*]. En los trabajos previos a la elaboración del Código de Derecho Canónico se discutió ampliamente la cuestión de la inseparabilidad entre la realidad natural del matrimonio y el

---

[185] SAN JUAN PABLO II, *Discurso al Tribunal de la Rota Romana*, 30 de enero de 2003, § 8: *AAS* 95 (2003) 397. Las primeras cursivas en el original. Las últimas son nuestras.

[186] SAN JUAN PABLO II, *Discurso al Tribunal de la Rota Romana*, 1 de febrero de 2001: *AAS* 93 (2001) 358-364.

[187] SAN JUAN PABLO II, *Discurso al Tribunal de la Rota Romana*, 1 de febrero de 2001, § 8: *AAS* 93 (2001) 363.

[188] SAN JUAN PABLO II, *Discurso al Tribunal de la Rota Romana*, 1 de febrero de 2001, § 8: *AAS* 93 (2001) 364

matrimonio sacramental como realidad salvífica. Al final, el legislador optó por mantener la doctrina más común, sin pretender con ello dilucidar doctrinalmente la cuestión, por no ser de su competencia. Al legislar, se recogen los presupuestos teológicos más comúnmente admitidos.[189] Esta inseparabilidad fue discutida durante el concilio de Trento. Entre sus opositores destaca la figura de Melchor Cano. No ha sido definida, aunque es la opinión más constante. Muchos la califican como doctrina católica.[190] El CIC la recoge en el canon 1055, § 2, ya mencionado.[191]

156. [*La jurisprudencia de la Rota Romana*]. La jurisprudencia rotal, siguiendo la doctrina católica, considera que la indisolubilidad es una propiedad esencial del matrimonio natural. Ahora bien, en un contexto social y cultural muy secularizado, en el que convicciones muy diferentes de las de la Iglesia se encuentran difundidas y arraigadas, se plantea si de facto en ausencia de fe se acepta la indisolubilidad del matrimonio. De este modo, desde hace unos años la jurisprudencia estima que la carencia de fe puede afectar a la intención de celebrar un matrimonio natural.[192] De algún modo parece hacerse eco por esta vía de la sensibilidad expresada en la proposición 40 de XI Asamblea General del Sínodo de los obispos, que tuvo lugar en octubre de 2005, bajo el pontifica-

---

[189] Cf. *Communicationes* 9 (1977) 122.

[190] Cf. *Communicationes* 15 (1983) 222.

[191] Véase la nota 177.

[192] Cf. sentencia *coram* Stankiewicz, 19 de abril de 1991: SRRD 83, 280-290.

do de Benedicto XVI, y versó sobre la eucaristía. En ella, en atención a los divorciados vueltos a casar, se decía: «el Sínodo auspicia que se hagan todos los esfuerzos posibles para asegurar el carácter pastoral, la presencia y la correcta y solícita actividad de los tribunales eclesiásticos respecto a las causas de nulidad matrimonial (cf. «*Dignitas connubii*»), tanto profundizando ulteriormente los elementos esenciales para la validez del matrimonio, como teniendo en cuenta también *los problemas emergentes del contexto de profunda transformación antropológica de nuestro tiempo, por el que los mismos fieles corren el riesgo de ser condicionados, especialmente si carecen de una sólida formación cristiana*».[193]

157. [*J. Ratzinger - Benedicto XVI*]. El entonces Prefecto de la Congregación para la Doctrina de la Fe, el cardenal J. Ratzinger, manifestó claramente en 1997: «debería aclararse si todo matrimonio entre bautizados es "*ipso facto*" sacramental. De hecho, el Código mismo indica que sólo el contrato matrimonial "válido" entre bautizados es a la vez Sacramento (cf. CIC, can. 1055 § 2). A la esencia del sacramento pertenece la fe; queda por aclarar la cuestión jurídica acerca de qué evidencia de "no-fe" implica que no se realice un sacramento».[194] Opinión que matizó como papa, Benedicto XVI, en una

[193] «Proposiciones del Sínodo de los Obispos sobre la Eucaristía»: *Ecclesia* n. 3284 (19 de noviembre de 2005) 34. Subrayado nuestro.

[194] J. Ratzinger, «Introducción», en Congregación para la Doctrina de la Fe, *Sobre la atención pastoral de los divorciados vueltos a casar. Documentos, comentarios y estudios,* Madrid 2000, 34.

alocución a sacerdotes en 2005, indicando que el problema es muy difícil, que ahora albergaba más dudas sobre la fe como motivo de invalidez y que sigue requiriendo profundización.[195]

158.  En su última alocución a la Rota Romana[196] (26 de enero de 2013), el papa Benedicto XVI volvió a profundizar sobre esta cuestión, tan importante para él. Extractamos algunas de sus aportaciones. Al comienzo de sus reflexiones alude a la cuestión de la fe y la intención, en línea con la Comisión Teológica Internacional, cuyo documento menciona: «El pacto indisoluble entre el hombre y la mujer no requiere, para los fines de la sacramentalidad, la fe personal de los *nubendi;* lo que se requiere, como condición mínima necesaria, es la intención de hacer lo que hace la Iglesia. Pero si es importante no confundir el problema de la intención con el de la fe personal de los contrayentes, sin embargo no es posible separarlos totalmente».[197]

159. A continuación, expone cómo la fe y la apertura a Dios determina grandemente la concepción de la vida en todas sus facetas y específicamente en algo tan delicado como un vínculo para toda la vida (indisolubili-

---

[195] BENEDICTO XVI, *Discurso a los sacerdotes de la diócesis de Aosta*, 25 de julio de 2005: *AAS* 97 (2005) 856.

[196] BENEDICTO XVI, *Discurso al Tribunal de la Rota Romana*, 26 de enero de 2013: *AAS* 105 (2013) 168-172.

[197] BENEDICTO XVI, *Discurso al Tribunal de la Rota Romana*, 26 de enero de 2013, § 1: *AAS* 105 (2013) 168.

dad, exclusividad, fidelidad). «El rechazo de la propuesta divina, en efecto, conduce a un desequilibrio profundo en todas las relaciones humanas, incluida la matrimonial, y facilita una comprensión errada de la libertad y de la autorrealización». De ahí se sigue, según Benedicto XVI, «un desequilibrio profundo en todas las relaciones humanas, incluida la matrimonial». Se «facilita una comprensión errada de la libertad y de la autorrealización, que unida a la fuga ante la paciente tolerancia del sufrimiento, condena al hombre a encerrarse en su egoísmo y egocentrismo».[198]

160. De esta falta de fe no se deduce automáticamente la imposibilidad de un matrimonio natural. Sin embargo: «La fe en Dios, sostenida por la gracia divina, es por lo tanto un elemento muy importante para vivir la entrega mutua y la fidelidad conyugal. (…) Pero ciertamente, cerrarse a Dios o rechazar la dimensión sagrada de la unión conyugal y de su valor en el orden de la gracia hace ardua la encarnación concreta del modelo altísimo de matrimonio concebido por la Iglesia según el plan de Dios, pudiendo llegar a minar la validez misma del pacto en caso de que, como asume la consolidada jurisprudencia de este Tribunal, se traduzca en un rechazo de principio de la propia obligación conyugal de fidelidad

---

[198] BENEDICTO XVI, *Discurso al Tribunal de la Rota Romana*, 26 de enero de 2013, § 2: *AAS* 105 (2013) 169-170.

o de los otros elementos o propiedades esenciales del matrimonio».[199]

161. Más adelante, se adentra en cómo la fe incide decisivamente sobre el bien de los cónyuges: «En verdad, en el propósito de los esposos cristianos de vivir una *communio coniugalis* auténtica hay un dinamismo propio de la fe, de manera que la *confessio*, la respuesta personal sincera al anuncio salvífico involucra al creyente en el movimiento de amor de Dios».[200] Continúa afirmando cómo la confesión de fe, lejos de quedarse en un nivel abstracto, involucra plenamente a la persona en la caridad confesada, dado que verdad y amor son inseparables. Y concluye: «No se debe, por lo tanto, prescindir de la consideración de que puedan darse casos en los que, precisamente por la ausencia de fe, el bien de los cónyuges resulte comprometido y excluido del consentimiento mismo».[201] De tal modo que la carencia de fe «puede, si bien no necesariamente, herir también los bienes del matrimonio, dado que la referencia al orden natural querido por Dios es inherente al pacto conyugal (cf. Gn 2, 24)».[202]

[199] BENEDICTO XVI, *Discurso al Tribunal de la Rota Romana*, 26 de enero de 2013, § 2: *AAS* 105 (2013) 170.
[200] BENEDICTO XVI, *Discurso al Tribunal de la Rota Romana*, 26 de enero de 2013, § 3: *AAS* 105 (2013) 171.
[201] BENEDICTO XVI, *Discurso al Tribunal de la Rota Romana*, 26 de enero de 2013, § 4: *AAS* 105 (2013) 172.
[202] *Ibid.*

162. [*Francisco*]. La necesidad de mayor estudio, pedida por Benedicto XVI, sigue vigente, a tenor de las constataciones previas a las últimas asambleas sinodales sobre la familia y de las declaraciones del papa Francisco. Así, el *Instrumentum laboris* para la III Asamblea General Extraordinaria del Sínodo de los obispos (2014) recogía sumariamente nuestra cuestión: «En numerosos casos, señalados en particular en Europa y América del Norte… se indica la necesidad de profundizar la cuestión de la relación entre fe y el sacramento del matrimonio, como sugirió Benedicto XVI».[203] La *Relatio Synodi*, que sirve tanto de conclusión de la III Asamblea General Extraordinaria, como de *Lineamenta* para la XIV Asamblea General del Sínodo, también alude a la cuestión;[204] igual que el *Instrumentum laboris* para la XIV Asamblea (2015).[205] La exhortación postsinodal *Amoris laetitia* advierte en su introducción: «la complejidad de los temas planteados [durante el camino sinodal] nos mostró la

[203] III Asamblea General Extraordinaria del Sínodo de los Obispos, *Desafíos pastorales de la familia en el contexto de la evangelización. Instrumentum Laboris* (2014), 96 (*Ecclesia* n. 3735-3736 [12 y 19 de julio de 2014] 1065-1066).

[204] «Según otras propuestas, habría que considerar la posibilidad de dar relevancia al rol de la fe de los prometidos en orden a la validez del sacramento del matrimonio, teniendo presente que entre bautizados todos los matrimonios válidos son sacramento» (*Relatio Synodi*, 48: *AAS* 106 (2014) 904).

[205] XIV Asamblea General Ordinaria del Sínodo de los Obispos, *La vocación y la misión de la familia en la iglesia y en el mundo contemporáneo. Instrumentum laboris* (2015), 114-115 (*Ecclesia* n. 3795-3796 [5 y 12 de septiembre de 2015] 1356).

necesidad de seguir profundizando con libertad algunas cuestiones doctrinales, morales, espirituales y pastorales».[206] Y apostilla: «De todos modos, necesitamos reflexionar más acerca de la acción divina en el rito nupcial, que aparece muy destacada en las Iglesias orientales, al resaltar la importancia de la bendición sobre los contrayentes como signo del don del Espíritu».[207] La presente reflexión sobre la «reciprocidad entre fe y matrimonio» se sitúa modestamente en esta senda.

163. El papa Francisco también ha abordado nuestra cuestión en diversas circunstancias. En el discurso a la Rota Romana del 23 de enero de 2015,[208] se refirió a los posibles vicios de origen en el consentimiento, que pueden afectar a la validez, señalando cómo puede darse «sea directamente por defecto de intención válida, sea pordéficitgrave en la comprensión del matrimonio mismo, de tal modo que determine la voluntad (cf. canon 1099)».[209] Y añadió: «En efecto, la crisis del matrimonio es a menudo, en su raíz, *crisis de conocimiento iluminado por la fe*, es decir, por la adhesión a Dios y a su designio de amor realizado en Jesucristo».[210]

<hr>

[206] FRANCISCO, Ex. apost. *Amoris laetitia* (19 de marzo de 2016) 2: *AAS* 108 (2016) 311.

[207] FRANCISCO, Ex. apost. *Amoris laetitia* (19 de marzo de 2016) 75: *AAS* 108 (2016) 341.

[208] FRANCISCO, *Discurso al Tribunal de la Rota Romana,* 23 de enero de 2015: *AAS* 107 (2015) 182-185.

[209] *Ibid.,* 182-183.

[210] *Ibid.,* 183. Subrayado nuestro.

164. Siguiendo esta línea, la carta apostólica en forma de motu proprio *Mitis iudex Dominus Iesus*[211] (15 de agosto de 2015), afirma: «Entre las circunstancias que pueden permitir tratar la causa de nulidad del matrimonio a través del proceso más breve según los cánones 1683-1687, se cuentan por ejemplo: la falta de fe que puede generar la simulación del consentimiento o el error que determina la voluntad».[212] Así pues, la falta de fe puede resultar determinante para la validez.

165. En el año siguiente (22 de enero de 2016), al hablar a la Rota Romana[213] se manifestó en este sentido: «Es bueno recordar con claridad que la calidad de la fe no es una condición esencial del consentimiento matrimonial, el cual, de acuerdo con la doctrina de siempre, puede ser minado solamente a nivel natural (cf. CIC, can. 1055 § 1 y 2)».[214] E hizo suya la doctrina que sostiene la presencia del *habitus fidei* operativo tras el bautismo, incluso sin una fe psicológicamente perceptible. Y concluye: «Las deficiencias de formación en la fe y también el error relativo a la unidad, la indisolubilidad y la dignidad sacramental del matrimonio vician el consentimiento matrimonial solamente si determinan la voluntad (cf. CIC, can. 1099). Precisamente por eso los errores que

---

[211] FRANCISCO, Motu proprio *Mitis iudex Dominus Iesus* (15 de agosto de 2015): *AAS* 107 (2015) 958-970.

[212] Art. 14, § 1: *AAS* 107 (2015) 969.

[213] FRANCISCO, *Discurso al Tribunal de la Rota Romana,* 22 de enero de 2016: *AAS* 108 (2016) 136-139.

[214] *Ibid.,* 138-139.

afectan a la naturaleza sacramental del matrimonio deben evaluarse con mucha atención».[215]

166. [*Los términos de la cuestión*]. A partir de este somero recorrido de las enseñanzas de los últimos pontífices sobre nuestro tema, así como de instancias eclesiales oficiales, parece claro que el tema de fondo no está del todo resuelto, aunque sí bastante enfocado. Haciendo un balance interpretativo y sistematizando, entran en juego estos aspectos en interrelación y tensión dinámica:

a) Como en todo sacramento, en el matrimonio se da una transmisión de la gracia de Cristo. Esta gracia no es debida a la fe de los ministros, según la tradición latina de los contrayentes, sino don de Cristo, que se hace activamente presente en el pacto conyugal, y del Espíritu.

b) No puede haber sacramento sin fe. Una suerte de automatismo sacramental negaría la índole dialogal de la economía sacramental, que se vertebra sobre la íntima conexión entre fe y sacramentos (cf. cap. 2). Así, pues, para que haya sacramento en el caso del matrimonio entre «bautizados no creyentes» ha de haber algo de fe actuante, independientemente de la dificultad para determinarla positivamente, ya sea en los cónyuges ya sea adjudicándola en su totalidad a la madre Iglesia.

c) La dificultad práctica de la verificación de la ausencia de fe de los cónyuges es un problema pastoralmente arduo y complejo (cf. § 61). Sin embargo, compete a la teología clarificar dogmáticamente este punto tan

---

[215] *Ibid.*, 139.

nuclear para una comprensión ajustada del sacramento del matrimonio.

d) El bautismo válidamente recibido ha injertado de modo irrevocable al bautizado en la economía sacramental, con la impresión del «carácter» (cf. § 65). Su realidad personal, más allá de sus actos conscientes de entendimiento y voluntad, propios de la fe,[216] ya está marcada por esta pertenencia sin que el pecado o la ausencia de una fe, ya sea informe o formada, pueda borrar o anular lo que ha producido el don irrevocable de Cristo.

e) La doctrina católica más asentada sostiene la inseparabilidad entre contrato y sacramento (cf. § 155). La clarificación definitiva de este aspecto permanece pendiente. La separación entre contrato y sacramento tendría una repercusión directa sobre la cuestión que tratamos. Dado el estado actual de la doctrina católica, parece oportuno adherirse a la opinión más común hoy en día respecto a la inseparabilidad entre contrato y sacramento.

f) La fe de los cónyuges resulta determinante para la fructuosidad del sacramento (cf. § 68). La validez y, con ella la sacramentalidad, depende de que haya tenido lugar un verdadero vínculo matrimonial: un matrimonio natural.

g) El mínimo imprescindible para que haya sacramento reside en la intención de contraer un verdadero matrimonio natural (cf. § 154).

[216] Cf. Tomás de Aquino, *STh* II-II, q.4 a.4.

h) En el caso del sacramento del matrimonio no se pueden identificar la fe y la intención, pero tampoco se las puede separar completamente (cf. §§ 149 y 158). Estando claro que la verdad sacramental del matrimonio pende de la intención y que la fe influye sobre la intención, no está del todo aclarado de qué modo y con qué alcance la falta de fe afecta a la intención.

Nos proponemos profundizar sobre este último punto para el caso de los «bautizados no creyentes» descritos (cf. § 144), aspecto que es congruente con la reciprocidad entre fe y sacramentos que venimos defendiendo.

167. [*Posibles alternativas teóricas para solventar la cuestión*]. Pero antes, para completar, veamos el elenco de posibles soluciones teóricas a nuestro tema y su solvencia teológica, medida desde la perspectiva teológica que hemos fundamentado previamente y venimos barajando (cap. 2).

a) En primer lugar, se podría defender un automatismo sacramental absoluto. El hecho del bautismo implicaría, con independencia de la fe de los contrayentes, que el contrato matrimonial se eleva *«eo ipso»* a la realidad sobrenatural del sacramento. Esta solución choca con la índole dialogal de la economía sacramental, que hemos expuesto razonadamente, por lo que la descartamos.

b) Una segunda posibilidad consistiría en defender la separación entre contrato y sacramento. Siendo cierto que la identidad entre contrato y sacramento no ha sido solemnemente definida, para barajar como teológicamente cierta esta separación, sería necesario aportar una argumentación específica convincente al respecto. Renunciamos a explorar esa vía y seguimos los términos más habituales de la teología católica actual sobre el matrimonio.

c) Una tercera opción haría valer la presencia de la fe eclesial, a pesar de la ausencia de una fe personal de los contrayentes. Se daría una suplencia de la fe eclesial, a pesar de la carencia de una fe personal por parte de los contrayentes. Esta opción, sin embargo, también presenta sus problemas. Por una parte, la esencia del sacramento se da en el consentimiento entre los cónyuges. Sobre esta base, la Iglesia puede exigir ciertos requisitos formales para su validez, como de hecho sucede hoy, como fruto de una larga historia. Por otra parte, a lo largo de la exploración de la índole dialogal de la economía sacramental (cap. 2), hemos puesto de manifiesto cómo la fe eclesial antecede y acompaña la fe personal, pero nunca la suple por completo. Atribuir la sacramentalidad del matrimonio en exclusiva a la fe eclesial implicaría negar la índole interpersonal de la economía sacramental.

d) Una cuarta posibilidad radica en atribuir la sacramentalidad a la eficacia ligada al «carácter» impreso con el bautismo. El «carácter» se debe a la irrevocabilidad del don de Cristo. Implica la inserción en la realidad sacramental de la economía. Faculta para el ejercicio dialogal de la sacramentalidad, sin que por sí mismo suponga un ejercicio activo de esta. El *habitus*, ligado al «carácter», es una disposición a actuar; ni una actuación ni un acto. Requiere que sea ejercido por una potencia, como por ejemplo la voluntad.[217] Así, pues con la impresión del

---

[217] Cf. Tomás de Aquino, *STh* I-II, q. 49-51.

«carácter» y al infundir el hábito la interlocución sacramental de parte de Dios queda afirmada, con toda rotundidad, pero falta la respuesta dialogal, de índole personal, por parte del sujeto agraciado, que ha quedado, sin embargo, capacitado para actuar dicha respuesta.

e) Como ya anticipamos, resta la posibilidad de argumentar en torno a la intención, ya que para la validez de todo sacramento ha de darse la intención de hacer aquello que la Iglesia pretende en cada sacramento.

### 4.3. *La intención y la constitución del vínculo matrimonial en ausencia de fe*

#### a) La intención es necesaria para que haya sacramento

**168.** [*Necesidad de la intención*]. Como ya dijimos[218] (cf. §§ 67-69), pertenece a la doctrina tradicional de los sacramentos la convicción de que para se dé el sacramento se requiere al menos la intención de hacer lo que hace la Iglesia: «Todos estos sacramentos se realizan por tres elementos: de las cosas, como la materia; de las palabras, como la forma, y de la persona del ministro que confiere el sacramento con intención de hacer lo que hace la Iglesia (*cum intentione faciendi quod facit Ecclesia*). Si uno de ellos falta no se realiza el sacramento».[219] Según la opinión común de la teología latina, los ministros del sacramen-

---

[218] Cf. también el § 86 y el texto allí citado de Cirilo de Jerusalén, referido al bautismo.
[219] CONCILIO ECUMÉNICO DE FLORENCIA, Bula sobre la unión con los armenios *Exultate Deo* (DH 1312).

to del matrimonio son los cónyuges, que se donan recíprocamente el matrimonio.[220] En el caso del matrimonio sacramental se requiere al menos la intención de realizar un matrimonio natural. Ahora bien, el matrimonio natural, tal y como lo entiende la Iglesia, incluye como propiedades esenciales la indisolubilidad, la fidelidad y la ordenación al bien de los cónyuges, y el bien de la prole. Por lo tanto, si la intención de contraer matrimonio no incluye estas propiedades, al menos implícitamente, se da una carencia grave en la intención, capaz de poner en tela de juicio la existencia misma del matrimonio natural, base necesaria para el matrimonio sacramental.[221]

169. [*Interrelación entre fe e intención*]. Con énfasis variados, el magisterio de los tres últimos pontífices constata la interconexión entre una fe viva y explícita y la intención de celebrar un verdadero matrimonio natural: indisoluble y exclusivo, enfocado al bien de los cónyuges, mediante una caridad oblativa sincera, y abierto a la prole. Juan Pablo II pide que no se acepte a los cónyuges que rechazan «de modo explícito y formal lo que la Iglesia realiza al celebrar matrimonios entre bautizados» (cf. § 153) a la vez que sostiene la necesidad «de la recta intención de casarse según la realidad natural del matrimonio» (cf. § 154). Benedicto XVI hace notar la incidencia muy notable de la ausencia de fe sobre la concepción de la vida, de las relaciones, del mismo vínculo matrimonial

---

[220] Cf. *Catecismo de la Iglesia Católica*, § 1623.
[221] Cf. CIC, can. 1101.

y del bien de los cónyuges, pudiendo llegar a «herir también los bienes del matrimonio» (cf. § 161). Francisco indica cómo la raíz de la crisis del matrimonio radica en la «crisis del conocimiento iluminado por la fe» (cf. § 163) y aduce la falta de fe como posible motivo de simulación en el consentimiento (cf. § 164). La jurisprudencia de la Rota Romana se sitúa en la línea apuntada por Benedicto XVI (cf. § 156). Precisando más, las instancias eclesiales mencionadas y los dos últimos pontífices estiman que la carencia de fe viva y explícita suscita sospechas fundadas sobre la intención de celebrar de verdad un matrimonio indisoluble, definitivo y exclusivo, como donación recíproca gratuita y abierto a la prole, si bien no excluyen de raíz la posibilidad de que se dé. En ningún caso se plantea un automatismo sacramental simplista.

b) Comprensión cultural predominante sobre
   el matrimonio

170. [*Cultura predominante y comprensión del matrimonio*]. En países cuya cultura predominante propone la poligamia como un valor, la cual es opuesta al designio divino (cf. Gn 1,26; 2,18-24), parece más difícil considerar que en ausencia de fe explícita, la intención de contraer matrimonio incluya de por sí la exclusividad, inherente al matrimonio natural según la concepción cristiana. Además, el contexto cultural de la poligamia, junto con otros aspectos que se pueden dar con independencia de la poligamia, choca contra «el principio de paridad» de los cónyuges, asentado en el hecho de la creación a imagen

y semejanza de Dios,[222] inherente al mismo bien de los cónyuges (*bonum coniugum*), uno de los bienes fundamentales del matrimonio natural. Por otra parte, una suerte de ejercicio práctico de la poligamia, como realidad factual, se ha extendido por muchos países occidentales, donde la existencia de un vínculo matrimonial o de pareja no se entiende como obstáculo para vivir simultáneamente otras realidades que, según la Iglesia, pertenecen en exclusiva al orden conyugal.

171. Hace años, en los países tradicionalmente cristianos reinaba un consenso sobre la realidad del matrimonio, que venía informada por el influjo ejercido por la fe cristiana en la sociedad. En ese contexto se podía partir de la base de que todo matrimonio natural, con independencia de una vida de fe viva y explícita, incluía en su intención las propiedades del matrimonio natural, tal como lo entiende la Iglesia. Hoy en día, con el arraigo y la difusión de otras concepciones de familia claramente divergentes de la católica, se imponen mayores cautelas, que generan nuevos problemas doctrinales y pastorales.

172. El hecho de que el matrimonio sea una realidad creacional implica que la antropología forma parte intrínseca de su esencia en un doble sentido, estrechamente ligado entre sí. De un lado, entra plenamente en juego la concepción de lo que es la persona humana, al-

---

[222] Cf. Comisión Teológica Internacional, *Comunión y servicio: La persona humana creada a imagen de Dios* [2004], §§ 32-39.

guien que, como ser relacional, realiza su propio ser en la donación de sí. De otro lado también toca a la esencia del matrimonio la comprensión de la diferenciación sexual, varón y mujer, como un elemento del plan divino orientado hacia la procreación y hacia la alianza conyugal, como reflejo de la alianza divina: de Dios con el pueblo de Israel y de Cristo con la Iglesia. Ambos elementos entran en juego de lleno en el matrimonio natural: indisoluble, exclusivo, enfocado hacia el bien recíproco de los cónyuges, mediante el amor interpersonal, y a la descendencia. Así, la Iglesia aparece, a veces en solitario y atacada, como el baluarte cultural que preserva la realidad natural propia del matrimonio. Sin embargo, sin caer en lamentaciones catastrofistas, una mirada sincera a nuestro contexto cultural no puede dejar de constatar cómo se van consolidando cada vez más, como axiomas incuestionables en la cultura posmoderna, aspectos que llevan a cuestionar en su raíz antropológica la base natural del matrimonio. Así, sin ánimo de exhaustividad, la tendencia predominante incluye como evidentes, por ejemplo, estas convicciones extendidas, arraigadas y en ocasiones sancionadas por la legislación, claramente contrarias a la fe católica.

a) La búsqueda de la autorrealización personal, centrada en la satisfacción del yo, como la meta mayor de la vida, que justifica las decisiones éticas más sustantivas, también en el ámbito matrimonial y familiar. Esta concepción se opone al sentido del sacrificio amoroso y la oblación como el logro mayor de la verdad de la persona, que la fe cristiana propone, alcanzando así de modo magnífico su sentido y cumplimiento.

b) Una mentalidad de tipo «machista», que minusvalora a la mujer, dañando la paridad conyugal ligada al bien de los cónyuges, entendiendo el matrimonio como una alianza entre dos que no serían iguales por designio divino, naturaleza y derechos jurídicos, frente a la concepción bíblica y la fe cristiana.[223] La postura contracultural de Jesús, en contra del divorcio (cf. Mt 19,3-8), supuso una defensa de la parte más débil en la cultura de la época: la mujer.

c) Una «ideología de género», que niega cualquier determinación biológica de carácter sexual en la construcción de la identidad de género, socavando la complementariedad entre los sexos inscrita en el plan del Creador.

d) Una mentalidad divorcista, que mina la comprensión de la indisolubilidad matrimonial. Al contrario, lleva a considerar los vínculos conyugales, más comúnmente denominados «de pareja», como realidades esencialmente revisables, en contradicción directa con la enseñanza de Jesús al respecto: Mc 10,9 y Mt 19,6 (cf. Gn 2,24).

e) Una concepción del cuerpo como propiedad personal absoluta, a libre disposición para la obtención del máximo placer, especialmente en el ámbito de las relaciones sexuales, desligadas de un vínculo conyugal institucional y estable. Pablo, sin embargo, afirma la pertenencia del cuerpo al Señor, excluyendo la inmoralidad

---

[223] Cf. BENEDICTO XVI, *Discurso al Tribunal de la Rota Romana* (26 de enero de 2013) § 3: *AAS* 105 (2013) 171.

(πορνεία), de tal modo que el cuerpo se convierte en cauce de glorificación de Dios (cf. 1Cor 6,13-20).

f) La disociación entre el acto conyugal y la procreación, en contra de toda la tradición de la Iglesia católica, desde la Escritura (Gn 1,28), hasta nuestros días.[224]

g) La equiparación ética, y a veces jurídica, de todas las formas de emparejamiento. Así, se propagan no solamente las uniones sucesivas, las uniones de hecho, sin contrato matrimonial formal, y también las uniones de personas del mismo sexo. Las uniones sucesivas niegan de hecho la indisolubilidad. Las convivencias temporales o a prueba desconocen la indisolubilidad. Las uniones de personas del mismo sexo no reconocen el significado antropológico de la diferencia de sexos (Gn 1,27; 2,22-24), inherente a la comprensión natural del matrimonio, según la fe católica.


c) La ausencia de fe puede comprometer la intención
   de contraer matrimonio natural

173. [*La ausencia de fe puede comprometer la intención de celebrar un matrimonio que incluya alguno de los bienes del matrimonio*]. Desde el punto de vista de la teología dogmática cabe dudar con fundamento de que en el caso de los matrimonios entre «bautizados no creyentes», según la tipología que hemos descrito, tenga lugar un sacramento

---

[224] Cf. Concilio Ecuménico Vaticano II, Const. past. *Gaudium et spes*, 50; San Pablo VI, Enc. *Humanae vitae* (25 de julio de 1968) esp. 12: *AAS* 60 (1968) 488-489.

de la fe por un grave defecto de intención de contraer matrimonio natural, presumible como consecuencia muy posible, cuasi inherente a la falta de fe, enunciada de modo diverso por los dos últimos pontífices. La falta de fe en el caso de los «bautizados no creyentes», de la tipología mencionada, se puede calificar como inequívoca y determinante de las concepciones de vida. Por lo que las dudas mencionadas por los pontífices de modo genérico se pueden asumir en su integridad para estos casos. No se puede desear ni pretender ni amar lo que se desconoce o se rechaza explícitamente.

174. [*Incidencia de ausencia de fe sobre los bienes naturales del matrimonio*]. En el matrimonio cristiano se da un lazo, mucho mayor que en cualquier otro sacramento, entre la realidad creatural y la sobrenatural, entre el orden de la creación y el de la redención. «El matrimonio ha sido instituido por Dios creador»[225] y, luego, elevado a la dignidad de sacramento. Dado este lazo tan estrecho, se entiende que una modificación de la realidad natural del matrimonio, un apartarse del proyecto creador, repercuta directamente sobre la realidad sobrenatural, el sacramento. Tal ligazón también se da en sentido inverso, al menos en el caso extremo de los matrimonios entre «bautizados no creyentes». Pues la negación expresa de la realidad sobrenatural, abandono explícito de la fe, incluso con acto formal a veces, o la ausencia to-

---

[225] Cf. COMISIÓN TEOLÓGICA INTERNACIONAL, *Doctrina católica sobre el matrimonio* [1977], cap. 3.

tal de adhesión a la fe, bautizados que nunca asumieron personalmente la fe, sitúa a estas personas totalmente a merced de las opiniones sociales vigentes en materia matrimonial y familiar, bloqueando su acceso a la fuente creatural del matrimonio.

175. En efecto, si consideramos conjuntamente la axiomática cultural dominante, previamente esbozada, y la línea de reflexión de Benedicto XVI en su última alocución a la Rota Romana (26 de enero de 2013), se puede afirmar que en ausencia clara y explícita de fe la intención respecto a los bienes esenciales del matrimonio sufre un grave detrimento. Benedicto XVI lo ha ilustrado con claridad respecto al bien de los cónyuges. Su punto de partida era el siguiente: «En el contexto del Año de la fe querría detenerme, de modo particular, en algunos aspectos de la relación entre fe y matrimonio, observando cómo la actual crisis de fe, que afecta en diversos lugares del mundo, lleva consigo una crisis de la sociedad conyugal».[226] Es decir, el elemento sobrenatural incide directamente sobre la realidad natural. Y prosigue más adelante: «A nadie se le escapa cómo, en la elección del ser humano de ligarse con un vínculo que dure toda la vida, influye la perspectiva de base de cada uno, dependiendo de que esté anclada a un plano meramente humano o de que se entreabra a la luz de la fe en el Señor. Sólo abriéndose a la verdad de Dios, de hecho, es posible

---

[226] BENEDICTO XVI, *Discurso al Tribunal de la Rota Romana,* 26 de enero de 2013, § 1: *AAS* 105 (2013) 168.

comprender, y realizar en la concreción de la vida también conyugal y familiar, la verdad del hombre como su hijo, regenerado por el Bautismo».[227]

176. La verdad del hombre en el matrimonio natural pertenece al plan de Dios. Benedicto XVI liga la capacidad oblativa del verdadero amor generoso, bien de los cónyuges, a la apertura al verdadero amor, que es Dios, desde la íntima unidad entre verdad y amor. Para que se dé pues el amor específico del bien de los cónyuges se necesita la apertura a la verdad última del amor, al amor de Dios. En una sociedad que pregona la autorrealización personal como el bien supremo, parece muy difícil que en ausencia notable y explícita de fe el vínculo conyugal se entienda desde el amor oblativo. En palabras de Benedicto XVI: «"El que permanece en mí y yo en él, da mucho fruto, porque sin mí no podéis hacer nada" (Jn 15, 5): así enseñaba Jesús a sus discípulos, recordándoles la sustancial incapacidad del ser humano de llevar a cabo por sí solo lo que es necesario para la consecución del verdadero bien».[228] La comprensión de la vida y la práctica del amor como autotranscendencia altruista, que busca ante todo el bien de la otra persona, se perfecciona con la gracia divina.

177. El amor oblativo y la autotrascendencia altruista no se confina al bien recíproco de los cónyuges,

---

[227] BENEDICTO XVI, *Discurso al Tribunal de la Rota Romana*, 26 de enero de 2013, § 2: *AAS* 105 (2013) 169.
[228] *Ibid.*

sino que afecta de lleno al bien de la prole, fruto espléndido de la fecundidad del amor conyugal. Si el bien del amor entre los cónyuges está dañado en su raíz, no puede no afectar también directa y explícitamente al bien de la prole.

178. La falta de fe incluye por sí misma serias dudas acerca de la indisolubilidad en nuestro contexto cultural. El modo social tan arraigado de entender el vínculo matrimonial: muy deseable en su permanencia, pero claramente revisable en la comprensión de lo que propiamente es como vínculo; así como la proliferación tan tristemente abundante de separaciones, hace que, sin una fuente específica de conocimiento, la fe como medio de adhesión al plan creacional de Dios, hay motivos para dudar de que se dé una intención verdadera de indisolubilidad del vínculo al contraer matrimonio.

179. En síntesis, hemos articulado estos puntos. La fe determina muy fundamentalmente la antropología que se viva. La realidad sustancial del matrimonio es de índole antropológica, creatural. Una ausencia total de fe también determina la antropología y, con ella, la realidad natural del matrimonio, que queda más a merced de la axiomática cultural dominante. Una falta de fe de este calibre en este contexto permite dudar con fundamento acerca de la existencia de un verdadero matrimonio natural, base imprescindible sobre la que se asienta el matrimonio sacramental. En otros términos: en el caso de los «bautizados no creyentes» descritos, debido a la

falta de fe no se puede presuponer como garantizada la intención de celebrar un matrimonio natural, aunque tampoco se puede excluir de raíz.

180. [*Desde la sacramentalidad*]. Este punto de vista está en plena conformidad con la concepción de la sacramentalidad que venimos defendiendo (cf. esp. § 16). Recordemos que ésta consiste en la *correlación insepara-ble* entre una realidad visible, externa, el significante, y otra de índole sobrenatural, invisible, significada. La concepción del matrimonio católico se apoya en esta comprensión de la sacramentalidad. Por eso, para que haya matrimonio sacramental se requiere como realidad visible externa un tipo de amor que, por sus cualidades particulares (bienes del matrimonio: GS 48-50), junto con el auxilio recibido por la gracia, pueda significar el amor de Dios. Dicho de otra manera: un vínculo matri-monial que no incluyera la indisolubilidad, la fidelidad, la disposición oblativa hacia el otro cónyuge y la apertura a la prole no sería un signo capaz de significar el amor de Cristo a la Iglesia. La Iglesia entiende que en ese tipo de vínculo no aflora la verdad del amor matrimonial.

181. [*Conclusión*]. Nuestra propuesta rechaza dos extremos. De un lado, un automatismo sacramental ab-soluto (cf. esp. §§ 41 e y 78 e): todo matrimonio entre bautizados sería sacramento, ya sea mediante la presen-cia de una fe mínima actuante ligada al «carácter» o por la intervención de Cristo y la Iglesia presupuesta por el bautismo. De otro lado, un escepticismo sacramental

elitista: cualquier grado de ausencia de fe viciaría la intención y por ello invalidaría el sacramento. Afirmamos que, en el caso de una ausencia de fe tan explícita y clara como el de los «bautizados no creyentes» descritos, las serias dudas acerca de una intención que incluya los bienes del matrimonio natural, tal y como los entiende la Iglesia, permite sostener serios reparos acerca de la existencia de un matrimonio sacramental. Es, por tanto, coherente con la praxis sacramental de la Iglesia negar el sacramento del matrimonio a aquellos que lo soliciten en estas condiciones, tal y como ya sostuviera Juan Pablo II (cf. §§ 153 y 169).

182. [*Atención pastoral*]. Tanto el contexto cultural descrito (cf. §§ 156, 170-172) como la existencia de matrimonios entre «bautizados no creyentes» son un estímulo para que la pastoral matrimonial despliegue todo su vigor y potencialidad, en línea con las sugerencias de Juan Pablo II y Francisco.[229] La irradiación de la honda humanidad que se vive en las familias cristianas, cuyo corazón es la fe vivida por todos sus miembros, será un faro y una estrella capaz de atraer y convencer. Uno de sus objetivos podría ser precisamente estos matrimonios de «bautizados no creyentes», dado que un despertar de

---

[229] Cf. SAN JUAN PABLO II, Ex. apost. *Familiaris consortio* (22 de noviembre de 1981) esp. «IV. Pastoral familiar: tiempos, estructuras, agentes y situaciones»: *AAS* 74 (1982) 158-187; FRANCISCO, Ex. apost. *Amoris laetitia* (19 de marzo de 2016) esp. «VI. Algunas perspectivas pastorales»: *AAS* 108 (2016) 390-415.

la fe significaría la eclosión de la fuerza de la gracia sacramental. En todo caso, la mejor respuesta al «deseo de familia» que, a pesar de las dificultades, se vive por doquier es «la alegría del amor que se vive en las familias».[230]

# 5.
## CONCLUSIÓN: LA RECIPROCIDAD ENTRE FE Y SACRAMENTOS EN LA ECONOMÍA SACRAMENTAL

183. [*Visibilidad sacramental de la gracia*]. La economía sacramental, como economía encarnatoria, exige de por sí una visibilidad de la gracia. La Iglesia, heredera y continuadora de la obra de Cristo, constituye en la historia ese signo visible. Su sentido no se reduce a procurar los medios salvíficos para los propios fieles. Hace visible en el mundo la gracia salvífica de Dios. Si la Iglesia desapareciera, la tangibilidad histórica de la salvación en Jesucristo se desvanecería. Por eso, la Iglesia misma presta un servicio para todos: es el medio y el instrumento que proclama la presencia en la historia del designio universal de la salvación en Jesucristo. Cada cristiano participa en esta misión eclesial, que cada sacramento refuerza a su modo. En cada sacramento se da una recepción del don de Dios, una configuración con Cristo y una misión eclesial para la vida del mundo.

184. Dado que la esfera de lo sacramental se refiere a la visibilidad externa y comprobable, cuando se deniega el acceso a los sacramentos, por ejemplo, en el caso de los divorciados vueltos a casar u otros, no se puede extraer de ahí una conclusión sobre toda la verdad acerca de la calidad de la fe de esa persona. Los cristianos de otras confesiones cristianas no se encuentran en plena comunión visible, sacramental, con la Iglesia católica,

debido a la persistencia de diferencias de calado en la doctrina y en la vida cristiana. Por eso, la celebración sacramental no puede visibilizar una comunión plena.[231] Ahora bien, no se excluye por principio que la unión con Cristo de un cristiano no católico, por la caridad y la oración, pueda ser más intensa que la de un católico, a pesar de que el segundo goce de la plenitud objetiva de los medios salvíficos. Como afirma la liturgia, el juicio último acerca de la calidad de la fe de cada persona pertenece solo a Dios: «cuya fe solo tú conociste».[232]

185. [*Crecimiento, catecumenado*]. La fe, como virtud, es una realidad dinámica. Puede crecer, fortalecerse, madurar; aunque también sus contrarios. El catecumenado ayuda a que la recepción de los sacramentos se dé con una fe más consciente de aquello que se recibe y a lo que se compromete. La caridad pastoral habrá de decidir los términos concretos del catecumenado según el sacramento del que se trate y las personas que lo pidan, teniendo muy en cuenta la calidad e intensidad del trasfondo religioso del que procedan. La formación de los catequistas y su testimonio de vida es crucial. Por otra parte, la misma recepción del sacramento, con el compromiso que supone, invita a proseguir el catecumena-

---

[231] Para casos extraordinarios, cf. CIC, can. 844, § 5 y CCEO, can. 671, § 5; Pontificio Consejo para la Promoción de la Unidad de los Cristianos, *Directorio para la aplicación de los principios y normas sobre el ecumenismo* (25 de marzo de 1993), §§ 122-131.
[232] *Misal Romano*, plegaria eucarística D.

do, mediante la catequesis mistagógica, ciertamente tras los sacramentos de la iniciación y el matrimonio. Tanto el crecimiento en la fe como una suerte de catecumenado continuo se da de modo acertado en algunos de los llamados nuevos movimientos eclesiales. En ellos, se da una socialización lograda en la fe y en la pertenencia eclesial. Además, en ellos se acentúa fuertemente la dimensión sacramental de la fe, mediante el énfasis en la recepción agradecida del don, la adoración al Señor, la recepción frecuente de los sacramentos, subrayando ante todo el don irrevocable de Dios, que liga su gracia a los sacramentos sin condicionarla a la perfección de los ministros ni a los méritos de quienes los reciben. Desde el horizonte vertical de la sacramentalidad resultan fortalecidos, pues no se apoyan en sí mismos para testimoniar horizontalmente ante el mundo cómo la gracia de Dios se abre paso en la debilidad (2Cor 12,9).

186. [*Inserción en la economía sacramental por la fe y los sacramentos*]. La inserción del cristiano en la economía sacramental sucede mediante la fe y los sacramentos. Los sacramentos ofrecen a aquellos que lo desean y se disponen adecuadamente algo tan valioso como la prenda de la vida eterna y la cercanía amorosa de Cristo.

187. En la realización de la economía sacramental, como despliegue de la encarnación y su lógica, descuella el misterio pascual como el culmen en el que se realiza el amor hasta el extremo (Jn 13,1; 15,13). El cristiano, por el bautismo, sacramento de la fe, se incorpora a este

misterio, participando de la muerte y resurrección de Jesús de modo sacramental (Rm 6,3-4), a la vez que se convierte en piedra viva de la Iglesia. Así, la vida cristiana se inicia con la inserción en el núcleo esencial de la economía sacramental.

188. El misterio de Cristo incluyó en su donación el don de su Espíritu, como magno don del Resucitado. En Pentecostés, con la recepción del Espíritu, en la culminación de su propia constitución, la Iglesia fue plenamente consciente de ser agraciada y enviada para una misión universal. El cristiano se incorpora al acontecimiento pentecostal mediante los sacramentos de la iniciación, con un robustecimiento de su fe y de su responsabilidad tanto *ad intra* de la comunidad eclesial como *ad extra* en tanto que «discípulo misionero».

189. En la última Cena Jesús anticipó en gestos y palabras el significado de su vida entera y de su propio misterio: cuerpo entregado y sangre derramada por los «muchos». En la eucaristía el cristiano recibe de nuevo el don del Señor, que acepta expresamente como tal en el «amén», para continuar él mismo siendo un miembro activo del cuerpo de Cristo presente en el mundo.

190. La dinámica de la economía sacramental se puede leer como la alianza de Dios con su pueblo, una imagen a la que no son ajenas las connotaciones nupciales. En el conjunto del misterio de Cristo acontece la renovación definitiva e irrevocable de la alianza de Dios

con su pueblo, mediante Cristo. Los cónyuges cristianos, al desposarse «en el Señor», se convierten en signo que testimonia el amor que preside la relación de Cristo con la Iglesia.

191. Jesús trajo con su vida, su muerte y su resurrección la salvación de Dios, que incluye el perdón de los pecados, la reconciliación con Dios y la reconciliación entre los hermanos derribando el muro de la separación (Ef 2,4-6. 11-14). Cuando el cristiano contradice lo que significa el evangelio y el seguimiento de Cristo, al recibir el sacramento de la penitencia con una fe arrepentida se reconcilia con Dios y con la Iglesia. Así, si por un lado la Iglesia se renueva, el perdonado se convierte en embajador del perdón de Dios en Jesucristo.

192. Jesús se acercó a muchos enfermos, les reconfortó, curó y perdonó sus pecados. Quien recibe la unción se une sacramentalmente a Cristo en este momento en que parece que triunfa el poder de la enfermedad y la muerte, para proclamar desde la fe la victoria de Cristo y la esperanza de la vida eterna.

193. Jesús reunió en torno a sí a un grupo de discípulos y seguidores, a quienes iba instruyendo en los misterios del reino de Dios y manifestando el misterio de su persona. Los que respondiendo desde la fe a la llamada del Señor reciben el sacramento del orden quedan configurados con Cristo, como Cabeza y Pastor, para continuar anunciando el evangelio, dirigiendo a la comunidad

a semejanza del Buen Pastor y ofreciendo el sacrificio vivo y santo.

194. [*Índole sacramental de la fe*]. La economía divina de la salvación comienza con la creación, se realiza en la historia y camina hacia la consumación eterna. Ahora bien, no toda mirada a la historia capta en ella la presencia de la acción de Dios; por ejemplo, que la salida de Egipto fuera liberación obrada por Dios. De igual modo, sobre Jesucristo se puede saber que hizo milagros o que fue crucificado, pero solamente la mirada de fe reconoce en los milagros signos de su mesianidad (cf. Lc 7,18-23) y divinidad (cf. Mt 14,33; Lc 5,8; Jn 5), no el poder de Belcebú (cf. Mc 3,22); o en la cruz que allí acontecía el perdón de los pecados (cf. Mt 27,39-44), la reconciliación con Dios (2Cor 5,18-20) y no solamente un ajusticiamiento.

195. Por eso, siguiendo a Agustín y a Orígenes,[233] se puede distinguir lo que podemos denominar una mirada simplemente historicista a los acontecimientos de la historia de la salvación. Esta se caracteriza por limitarse al conocimiento de los acontecimientos, al otorgar credibilidad a los testigos que los narran, pero sin captar su significado histórico-salvífico. Sin embargo, la mirada pro-

---

[233] Cf. Agustín, *De vera rel.* 50,99 (CCSL 32, 251); Agustín; *De trin.* I,6,11; II,17,29; IV,3,6 (CCSL 50, 40; 119-120; 166-169); *Enarr. in Ps.* 65,5 (CCSL 39, 842-844); *Ep.* 120,3,15; 147 (PL 33, 459; 596-622); Orígenes, *Com Rm.* 2,14 (PG 14, 913ss.); *Hom. in Lc.* 1,4 (SCh 87, 104-106).

168

pia de la fe, por el don del Espíritu Santo, no solamente conoce los acontecimientos históricos en su materialidad histórica, sino que en ellos percibe su índole salvífica. Es decir, esta mirada penetra en la auténtica realidad sacramental de lo que acontece: captando la visibilidad de lo histórico percibe la profundidad de la gracia presente y actuante en esos acontecimientos. A esta forma de fe, que es propiamente la fe cristiana, le corresponde no solamente la captación de la presencia de la acción divina en la historia visible, sino también la capacidad de percibir la conexión de estos acontecimientos con la esperanza en la vida futura. Por eso, este tipo de fe no solamente cree en la vida eterna, en la Trinidad Santa y en Cristo nuestro Señor, sino que también es el tipo de fe propio de las personas que reconocieron al Resucitado en las apariciones. Sin esta fe la historia no toma el cariz de una economía divina de la salvación; se resuelve en un cúmulo de hechos cuyo sentido resulta difícil discernir, en todo caso se le atribuye desde fuera. Sin embargo, con el don de la fe el sentido del decurso de los hechos históricos reside en la significación que Dios mismo les otorga: la economía divina preside y gobierna la historia, llevándola hasta la vida eterna. En una palabra, como la economía divina trinitaria es de índole sacramental, la fe cristiana es genuinamente sacramental.

# INDICE



171

## 3. La reciprocidad entre fe y sacramentos en la iniciación cristiana. . . . . . . . . . . 77